Veterinaire Verhalen over Vee

Ter herinnering
aan Herm van Bartele Nölke (Herman Neessen) uit Panningen en
Wiel van Nelly van Sjmeten Tien ('vader' Verstegen) uit Beringe,
die me al vroeg leerden om te houden van het boerenbedrijf

Rogier Verberne

Veterinaire Verhalen over Vee

1984 – 2004

hoe het vak van veearts veranderde

met tekeningen van
Marisca Bruinooge-Verberne

Colofon

© 2015 Rogier Verberne
Tekst Rogier Verberne
Tekeningen: Marisca Bruinooge-Verberne
ISBN/EAN: 978-90-818362-4-1
3e herziene editie
Internet: www.verberneboek.nl

Inhoud

Veearts 1984 – 2004

Op 1 april 1984 begon ik als veearts in een Brabantse plattelandspraktijk ten oosten van Den Bosch. Ik was toen 40 jaar. De voorafgaande 14 jaar was ik resp. assistent in de klinieken voor inwendige ziekten en voor heelkunde op de faculteit diergeneeskunde in Utrecht en had ik een promotieonderzoek afgerond op de medische faculteit van de Vrije Universiteit in Amsterdam. Intussen hadden vooral de pluimvee- en de varkenshouderij zich ontwikkeld tot bio-industrieën waar de dokter voor het individuele zieke dier had afgedaan. Daarom leest u in dit boekje geen verhalen over kippen en heel weinig over varkens.

Tegelijk (april 1984) werd voor de melkveehouders in de Europese Economische Gemeenschap (de latere EU) het melkquotum van kracht: 'Brussel' legde de boeren een forse boete op voor teveel geproduceerde melk: de superheffing. Dat was het begin van het systematisch afknijpen van het boeren-inkomen door de overheid. Het dwong de veehouders om hun bedrijven steeds groter te maken ten koste van enorme schulden of om te emigreren. In de 20 jaar daarna stopte circa 75% van de Nederlandse melkveehouders met hun bedrijf en verdween ongeveer 40% van alle koeien.

De druk om het boerenbedrijf steeds verder te vergroten of om ermee te stoppen, is er ook in 2014 nog steeds. Die ontwikkeling wordt weerspiegeld in het aantal melkkoeien per bedrijf: in 1984 molken de Brabantse veehouders gemiddeld ± 20 koeien. In 2014 is dat aantal toegenomen tot circa 120. Daardoor moesten ook de stallen en het areaal grond geleidelijk ongeveer 6-maal groter worden. Maar in ons overbevolkte land was dat laatste onmogelijk. Het leidde tot een mestoverschot met kostbare oplossingen voor de veehouders. Door die schaalvergroting werden ook de machines steeds groter en het werk werd verregaand geautomatiseerd: de mengvoerwagen deed zijn intrede op het bedrijf; aan de mestafvoer komt nauwelijks nog mankracht te pas en het arbeidsintensieve melken is op veel moderne bedrijven overgenomen door melkrobots. En zo is in de loop van de voorbije 30 jaar ook de rundveehouderij geleidelijk veranderd in een bio-industrie voor de productie van melk en vlees.

Door dit alles is de betekenis van het individuele dier drastisch gereduceerd. En daarmee heeft ook de dokter voor de genezing van de individuele zieke koe afgedaan. Het werk van de veearts is veranderd in preventieve koppelbehandelingen om grote uitbraken van infectieziekten in de veestapel te voorkomen. En door regelmatige bedrijfsbegeleiding moet hij de gezondheidsstatus en de vruchtbaarheid van het vee optimaliseren om 'het onderste uit de koe' te kunnen halen.

Tegen deze achtergrond moeten de waar gebeurde praktijkverhalen in dit boekje worden bezien. Ze spelen zich af tussen 1984 en 2004. Daarin ziet u de rol van de veearts gaandeweg veranderen van dokter voor het zieke vee tot bedrijfsbegeleider in de bio-industrie.

Sint Michielsgestel, december 2014
Rogier Verberne

1. Een big kon niet schijten *(atresia ani)*

Pasgeboren zoogdieren drinken uitsluitend moedermelk. Toch kunnen ze niet volstaan met alleen te plassen: er ontstaat ook vaste ontlasting in de darmen en ze moeten dus poepen. Als bij de geboorte de anus ontbreekt, ontstaan in enkele dagen ernstige problemen.

Varken
De aangeboren afwijking waarbij de endeldarm blind eindigt, kwam vroeger bij varkens regelmatig voor. Door daarop bij het fokken te selecteren, is het gebrek nu vrijwel uit de varkensstapel verdwenen. Als bij een biggetje de anus ontbreekt, gaat de buik in een paar dagen opzwellen. Het stopt dan met drinken bij de zeug en binnen een week is het dood.

zeug met een toom biggen

Elke big is er één

Het is zondagochtend. Een boer komt de Kliniek voor Heelkunde binnen. De behandeling van de paarden en koeien die daar als patiënten zijn opgenomen, is bijna klaar. In de kofferbak van zijn auto heeft hij een big meegebracht van een paar dagen oud. In de toom van twaalf drinkt deze sinds gisteren niet meer bij de zeug. Het beestje is mager maar het buikje is opgezwollen. En het is suf door uitdroging. Haast is geboden. De boer heeft het probleem zelf al herkend: het schijtgat ontbreekt. Hij heeft op zijn bedrijf vaker van die biggen gehad en weet dat ze dood zullen gaan. Maar operatie is meestal mogelijk en dat is in de Utrechtse kliniek dan nog gratis. En elke big is er één.

Operatie

Met een injectie wordt het biggetje in narcose gebracht en op een operatietafel gelegd. De billen worden met jodium ontsmet en er wordt een sterke lamp op gericht. De boer staat er belangstellend bij. Onder de staart trek ik met een pincet de huid wat naar achteren en knip er een stukje af. Zo ontstaat een rond gaatje. Met de stompe punten van een kleine schaar maak ik het weefsel los en zoek naar het blinde einde van de darm. Dat ligt vlakbij. De darm moet rondom wat worden losgemaakt en naar achteren getrokken. Als ik het blinde darmeinde afknip, houd ik m'n hoofd opzij. Een straaltje dunne mest spuit de operatieruimte in. Want er stond druk op de inhoud van de endeldarm. Het open darmeinde moet nu aan de huid worden vastgehecht. Dat is priegelwerk en het vereist volledige concentratie.

Complicatie

Bij de derde hechting klinkt een doffe klap: de boer is achterover gevallen op de betonnen kliniekvloer. Hij is bewusteloos en ziet lijkbleek. Ik heb niet op hem gelet en schrik geweldig. Twee coassistenten en een kliniekhulp dragen hem weg naar de gang en leggen hem daar op een bank.

De operatie gaat weer verder en verloopt zonder complicaties. Als de big wakker wordt, komt ook de boer weer bij. Hij ziet spierwit, maar weigert hulp. Hij krabbelt overeind en wil naar huis. Hij legt de big in zijn auto en vertrekt.

'hij spult door ut hok'

Afloop
De volgende ochtend vind ik in het patiënten-verslag het telefoonnummer van de boer. Ik krijg zijn vrouw aan de lijn en vraag hoe het is met haar man. Ze reageert verrast, maar ook verrassend:
"Buitengewoon dokter; hij spult door ut hok!"
Daar ben ik even stil van. Dan vat ik het misverstand: "Mooi zo; dus met de big is alles in orde. Maar uw màn, hoe is het daarmee?"
Nu valt er een verbaasde stilte aan de andere kant.
"M'nne mens? Hoe dat zo? Niks bezunders, net als altijd."

Ik zeg dat hij gisteren bij de operatie is flauwgevallen en dat hij even bewusteloos is geweest. Maar dat maakt weinig indruk:
"Oh, dat! Dat gebeurt zo vaak: bij het minste valt die van z'n eige."
Daarop verzekert ze me nog eens dat met de big alles prima in orde is en het gesprek is afgelopen.

Kosten
De economie heeft intussen het nut van deze operatie achterhaald. Want wat kost een big? En wat kost een veearts per uur? Voor die berekening heb je geen rekenmachine nodig. Alleen: de langzame dood als ontlasting onmogelijk is, wens je niemand toe. Dus vanuit het oogpunt van diervriendelijkheid was de ingreep zo gek nog niet. Veel later zei een boer dat zo: "Wat heb ik aan een miljoen gulden in mijn kontzak, als ik niet kan schijten?"

2. Plattelandspraktijk

de ingang van het praktijkcentrum

Dierenartsenpraktijk "Hintham" staat op een groot bord boven de voordeur. Naast de naam een Siamese tweeling gestileerd tot de letter H, het symbool van de praktijk. Hintham is een wijk van het acht kilometer westelijker gelegen Den Bosch. De naam herinnert nog aan de tijd dat de praktijk daar zijn thuisbasis had met aanvankelijk maar twee dierenartsen. Vandaar het symbool.

Dierenarst

De dierenartsen van toen waren echte alleskunners: honden, katten, cavia's, konijnen, kanaries en andere gezelschapsdieren kwamen op het spreekuur in Hintham. En de boeren in de omtrek werden ook van daaruit bediend: koeien, varkens, geiten, schapen en paarden. Maar de tijden veranderden en de differentiatie deed zijn intrede.

De praktijk werd gesplitst in een kliniek voor gezelschapsdieren die in de stad gevestigd bleef, en een praktijk voor landbouwhuisdieren waarvan het centrum verhuisde naar het platteland, naar Berlicum.

Veearts

Daar werd de oude naam 'veearts' weer relevant. Dat is praktischer dan 'dierenarts voor landbouwhuisdieren en paarden'. Toen waren veeartsen meestal mannen. De vier die vanuit het praktijkcentrum in Berlicum werkten, specialiseerden zich elk in twee diersoorten: rundvee en varkens, rundvee en paarden, varkens en kleine herkauwers (schapen en geiten), varkens en paarden. Mijn taak betrof het rundvee en de paarden. Alleen voor spoedgevallen waren we alle vier all round: tijdens de avond- en nachtdiensten moest ieder een koe of schaap kunnen verlossen, ook door middel van een keizersnee; of bijv. een gebroken poot in het gips kunnen zetten. Elke dag gingen we, na het telefonisch spreekuur, vanuit het centrum de boer op om alle oproepen af te werken. Daarbij waren de medische mogelijkheden beperkt, want alle behandelingskosten moesten door het herstelde dier weer worden terugverdiend. De veehouderij is een bedrijf waarvan de boer leeft; geen hobby die geld mag kosten.

Veehouder

Tegenwoordig zegt men liever veehouder dan boer. Maar veehouder en boer zijn geen synoniemen. Neem bijvoorbeeld een Bosschenaar die buiten gaat wonen en een paar vleeskoeien koopt. Zo'n man is daarmee veehouder; maar hij is daardoor nog geen boer! Een boer houdt niet alleen vee, maar hij heeft ook een bepaalde stijl van leven. Vele generaties boeren (en boerinnen) werden op het bedrijf geboren en getogen en daardoor ontstond op den duur een bepaald karakter. Zo is een echte boer eigenwijs, hardwerkend, nuchter, onafhankelijk en zuinig. Het zijn maar enkele van zijn kenmerkende eigenschappen. Of deze karakterkenmerken ook bij de boerin zijn aangeboren, durf ik niet te zeggen.

Maar kwezels of uitgaanstypen ben ik op de Brabantse boerderijen niet tegengekomen; erg mooie meiden wel.

Dienst
In de veeartsenpraktijk heeft altijd iemand dienst voor spoedgevallen, 365 dagen en nachten van het jaar, inclusief feestdagen. Nachten dat je daarbij niet je bed uit hoeft zijn zeldzaam; twee of drie oproepen in een nacht komen vaker voor. Die komen zelden achter elkaar, maar meestal als je net weer bent ingeslapen. Dienstweekeinden zonder werk zijn er niet. En de maandag daarna begint het telefonisch spreekuur gewoon weer om acht uur. Compensatie voor al dat onregelmatige avond- en nachtwerk in de vorm van vakantiedagen is onmogelijk omdat de belasting voor de thuisblijvers dan te groot zou worden: drie weken vakantie per jaar is het maximum. Zo werk je in een plattelandspraktijk dus 49 weken per jaar van gemiddeld 75 tot 80 uur. Dat zijn twee volledige banen in loondienst zonder de daarbij behorende vrije weekeinden en vakanties.

Ongelukken
Veeartsen komen dus vaak slaap tekort en ze maken daardoor nogal eens brokken met de auto. Voor krassen of kleine deuken heb ik de garage trouwens nooit lastiggevallen: je wil je auto tenslotte ook niet al te vaak missen voor reparaties. Maar de kwaliteit van je werk mag niet lijden onder je vermoeidheid: schadeclaims zijn in de praktijk niet langer ongewoon en de beroepsaansprakelijkheid moet daarom terdege zijn verzekerd.

Ongezond
Het werk van de veearts is boeiend maar ook zwaar. Vooral zijn rug krijgt het zwaar te verduren. Zo gebeuren verloskundige en chirurgische ingrepen in de praktijk nooit op de juiste werkhoogte: vaak wordt er geopereerd terwijl het dier op de grond ligt. Je werkt dan in gebukte houding of op je knieën.

Bovendien is het werk gevaarlijk: je moet voortdurend oppassen voor trappen en stoten: die kunnen je ernstig beschadigen, zelfs invalide maken. Stalstof dat je inademt kan tot emfyseem en allergieën leiden. Het gillen van varkens die bijv. gevaccineerd moeten worden, maakt je vroegtijdig doof. En je staat voortdurend bloot aan allerlei infecties die van dieren op mensen kunnen overgaan. Geen wonder dat de arbeidsongeschiktheid onder veeartsen hoog is; zelfs zo hoog dat diverse verzekeringsmaatschappijen hen weigerden als klant.

Assistente

In ons praktijkcentrum werkten vier parttime assistentes. Ze vormden daar het thuisfront, namen buiten het telefonische spreekuur de boodschappen aan en gaven die door aan de veeartsen. Aan de balie leverden ze medicijnen af aan de boeren en ze bestelden nieuwe voorraden. Ze steriliseerden de instrumenten voor keizersnedes en andere chirurgische ingrepen en hielden het gebouw schoon. Ze boekten de visitebriefjes in en draaiden maandelijks de rekeningen uit. Ze zetten koffie als hun bazen aanwezig waren, zuchtten opgelucht als ze weggingen en ruimden de rotzooi op die ze achterlieten. Het is maar een greep uit hun talrijke taken.

Telefoon

Een boer aan de telefoon beschouwt het noemen van zijn naam doorgaans als tijdverlies of hij doet dat onverstaanbaar. De medicijnen die hij wil bestellen, hebben altijd moeilijke namen; de verpakking heeft hij niet bij de hand of die zit onder de stront. En zonder zijn bril kan hij die kleine lettertjes niet lezen: “Voor uierontsteking; ge weet wel; die ik altijd heb”. En raar maar waar: de assistente wéét dat dan ook. En tegen een boer die na lang zwoegen een kalf niet geboren kan krijgen en, als het bijna te laat is, de veearts belt, moet je niet zeggen: “heeft u een ogenblikje, want ik heb nog iemand aan de andere lijn”. De goede assistente moet het vruchtwater aan zijn armen als het ware door de telefoon kunnen ruiken.

Vriendelijk

En hoe lomp de klant ook is, de assistente moet altijd vriendelijk tegen hem blijven. Datzelfde geldt als ze een spoedvisite moet doorgeven aan de veearts van dienst. Die is dan altijd druk bezig. En in een vol programma komt een spoedvisite altijd ongelegen. Bovendien kan hij in de voorbije nacht ook al zijn bed uit zijn geweest voor een spoedklus. De assistente moet daarbij dus over grote diplomatie en veel geduld beschikken; ze mag nooit iets vergeten, geen fouten maken en vooral onder alle omstandigheden vriendelijk blijven.

assistente

Zwanger

Misschien vraagt u zich af hoe onze assistentes dat volhielden. Althans mij heeft dat vaak verbaasd. Toch is nooit één van hen in huilen uitgebarsten of gillend weggerend.

Ook is niemand van hen overspannen geweest in al die jaren. De enige reden dat wij de dames na verloop van tijd kwijtraakten, was: zwangerschap. En vreemd was dat niet, want de duizendpoten die bij ons werkten, waren ook nog eens aantrekkelijke vrouwen. Dat vonden niet alleen wij, de veeartsen die ze hadden aangenomen, maar ook de boeren. Die konden zowel het werk van de dames als hun uiterlijk best waarderen en ze kwamen zonder tegenzin hun medicijnen op de praktijk halen.

Kinderloos

Het contact tussen boer en veearts was in de praktijk doorgaans hartelijk. Aan de keukentafel werd vaak niet alleen het wel en wee van de veestapel besproken, maar ook dingen die speelden in het gezin. Zo bleef een echtpaar jarenlang kinderloos terwijl het ouderschap zeer werd gewenst. Na de bedrijfsbegeleiding kwam ook dat bij de koffie ter sprake. Omdat een van de assistentes weer moeder zou gaan worden, zag de veearts de voor de hand liggende oplossing: “Laat je vrouw bij ons assistente worden, dan is ze zo zwanger.” Op dit hartelijke aanbod zijn de boer en zijn vrouw niet ingegaan.

3. Kalf afzagen *(foetotomie)*

Een kalf dat te groot is om de geboorteweg te passeren, wordt verlost door middel van een keizersnee. Die ingreep wordt al sinds de jaren zestig van de 20e eeuw op de boerderij uitgevoerd. Daarvóór moest zo'n kalf in de baarmoeder in stukken worden gezaagd die dan via de natuurlijke weg naar buiten kwamen. Dat werd foetotomie genoemd en het kwam vroeger vaak voor. Nu worden alleen nog gestorven en rottende kalveren op die manier afgezaagd omdat de keizersnee dan voor het moederdier een groot risico vormt op buikvliesontsteking.

Eetlust

Voor veeartsen zijn veel dingen gewoon die andere mensen onsmakelijk vinden. Hun dagelijkse werk op de boerderij speelt zich af te midden van mest en urine en ook de behandeling van verontreinigde wonden en abcessen behoort tot hun regelmatige bezigheden. Als ze praten over zulk werk zal menigeen dat als onappetijtelijk ervaren, maar de eetlust van een veearts lijdt daar niet onder. Een collega zei dat aan tafel eens zo: "ze mogen gerust naast m'n bord schijten, als het maar niet op m'n bord gebeurt." Toch is het afzagen van een kalf in staat van ontbinding een ingreep die zelfs in deze beroepsgroep enig respect geniet.

Overlaat

Het is ochtend en ik moet naar de Kruisstraat, een buurtschap behorend bij Rosmalen in het noordelijk deel van de praktijk. De boerderijen staan er op een zandrug aan de straat. Daarachter ligt de klei van de polder die zich uitstrekt naar het noorden tot over de wetering naar Het Wild en verder tot Maren-Kessel aan de Maas. Lang geleden behoorde de polder 's winters tot het stroomgebied van de rivier: bij hoge waterstanden diende het gebied als overlaat. Het Maaswater strekte zich dan uit van Beers, ten oosten van Grave, tot Bokhoven, ten westen van Den Bosch: een waterplas van tientallen vierkante kilometers. Een oude boer uit Berlicum vertelde me dat hij als kleine jongen achter op de fiets bij zijn vader naar Den Bosch was geweest en na thuiskomst tegen z'n moeder had gezegd: "mama, ik heb de zee gezien". In 1932 werd begonnen met het verhogen van de Maasdijk en kwam een eind aan de zogenoemde Beerse Overlaat. Maar de naam Overlaat kom je in de regio nog regelmatig tegen.

Grupstal

Een veehandelaar van hier heeft gebeld. Hij houdt al enkele dagen een vaars op stal omdat ze over tijd is maar nog steeds geen aanstalten maakt om te kalven. Ze is van het vleestype: flink bespierd maar met een kleine uier die is afgestemd op het zogen van een kalf, niet op het vullen van een melktank. Het vleesras waartoe ze behoort wordt hier 'blonde Argentijn' genoemd. Maar het ras is niet afkomstig uit Zuid-Amerika; de oorsprong van deze Blonde d'Aquitaine ligt in Frankrijk. De vaars staat alleen in de grupstal; de rest van het koppel vee loopt buiten. Ze staat met de kop tussen houten palen die rechtop in de bodem staan achter de voergoot en die bovenaan bevestigd zijn aan een balk. Ze heeft een halsband om met twee kettingen die vastzitten aan de palen. Achter haar is de grup en daar weer achter een smal pad langs de muur. De grup is een sleuf in de bodem om de mest en urine van de koeien op te vangen. Hij mondt uit in de gierput die buiten de stal in de grond zit. Totdat in de jaren zeventig de open loopstal aan zijn opmars begon in de veehouderij was de grupstal in Brabant algemeen. Die was 'het achterhuis' van de langgevelhoeve. Het achterhuis vormde één geheel met het voorhuis waar de boer woonde met zijn gezin. Nu zijn veel van die boerderijen verbouwd tot een dubbele woning.

Onderzoek

Bij vleesrassen is de draagtijd wel eens iets langer dan bij melkvee, maar hier duurt het toch wel erg lang. Als ik de stal binnenkom, staat de vaars met de rug iets opgebogen, maar ze perst niet. Een emmer water staat achter haar klaar en op de vensterbank liggen een schone handdoek en een nieuw stuk zeep op een schoteltje.

Kalf afzagen

grupstal

De buurman leunt tegen de muur; de eigenaar staat naast de vaars en houdt de staart voor me opzij. Ik doe m'n verlospak aan: een plastic broek en lange schort. De korte mouwen sluiten strak om de bovenarmen om het vruchtwater niet onder m'n oksels naar binnen te laten lopen. Ik was m'n handen en armen en smeer er een glijmiddel op. In de geboorteweg voel ik alleen een staartje. Wat verder, binnen de baarmoeder, komt m'n hand tegen de rug van het kalf. De haren laten los en gas knistert onder de huid: "Dit is foute boel" zeg ik hardop. Ik trek m'n hand terug en houd hem onder de neus van de eigenaar. Die draait met een ruk zijn hoofd om: "Nééje, ik gleuf oe zoo wel!" Het kalf ligt in stuitligging, maar de achterpoten steken niet naar achteren in de geboorteweg, zoals daarbij gebruikelijk is. Ze liggen naar de voorkant van de vaars: dat heet een heupligging. Doordat nu alleen het staartje in de geboorteweg aanwezig is, perst de vaars niet en heeft de eigenaar daarop dagenlang tevergeefs staan wachten. Intussen is het kalf gestorven en het ontbindingsproces begonnen. Toch is de vaars niet ziek. Het is niet te geloven wat koeien kunnen verdragen: een baarmoeder vol rottend vlees in de buik en niet ziek!

Dilemma

De geboorte van een voldragen kalf in heupligging is onmogelijk. Zelfs een normaal, levend kalf kan in deze houding het bekken niet passeren. Repositie van de achterpoten in deze strakke en slecht ontsloten baarmoeder is uitgesloten. Ook een keizersnee is geen optie: de baarmoeder is één groot vat vol bacteriën en zo'n operatie zou onvermijdelijk tot buikvliesontsteking leiden. Nee, om deze vaars te redden is maar één oplossing mogelijk: het kalf moet binnen de baarmoeder in stukken worden gezaagd, stuk voor stuk klein genoeg om de geboorteweg te passeren. En slachten? Het dier is niet ziek en niet sterk vermagerd. Volgens de EU-richtlijn zou ze dus geslacht mogen worden. Maar ik durf daarbij toch geen goedkeuring van het vlees te garanderen. Eerlijk gezegd, zou ik er zelf geen stuk van lusten

Zagen

Dit wordt een zwaar karwei. De buurman gaat daarom ook zijn zoon halen. De eigenaar zoekt een kruiwagen en zelf loop ik naar de auto om het embryotoom te pakken. Dat apparaat heeft iets weg van een dubbelloopsgeweer, maar zonder de kolf. Op de plaats van het vizier zit een stalen handgreep. Door de twee holle, stalen buizen van bijna een meter lengte wordt een draadzaag gevoerd. Dat is een dun en soepel koord van gevlochten staaldraden. Het vormt een lus aan de punt van het embryotoom. Aan de twee einden die bij de handgreep uit de buizen naar buiten komen, wordt elk een handvat bevestigd.

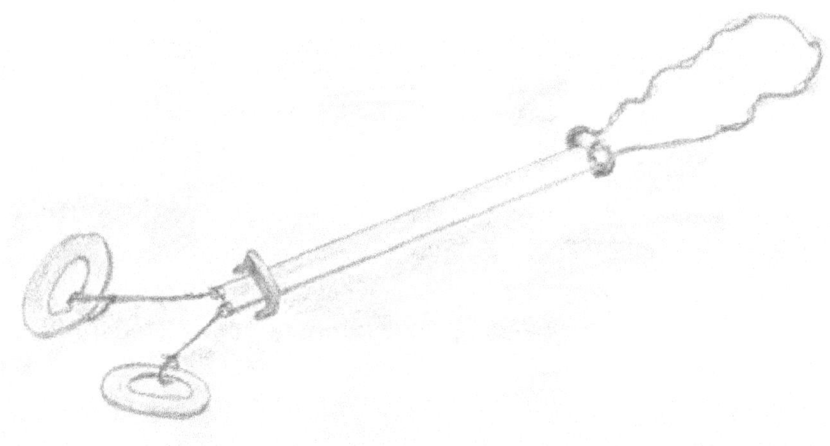

embryotoom

Het apparaat wordt met de lus naar voren in de schede van de vaars geschoven. In de baarmoeder schuif ik de draad om een achterpoot van het kalf. Daarna wordt de punt van het embryotoom tegen de staartinplant van het kalf gedrukt.

Vandaar loopt de draadzaag binnen de stalen buizen tot buiten de schede. Zo kan de geboorteweg niet worden beschadigd tijdens het zagen. Ik sta gebukt met m'n rechterarm diep in de schede en houd de punt van het embryotoom stevig op zijn plaats. Want door verschuiving kan er gemakkelijk een gat in de baarmoeder worden gezaagd. De buurman staat achter me. Door de draad krachtig heen en weer te trekken aan de handvatten zaagt hij door de lies van het kalf en amputeert zo de poot. Want zo'n draad gaat overal doorheen: door huid, spieren en botten. Dus je moet daar met je hand niet tussen komen. De zagende buurman zou het niet eens mèrken, een paar vingers extra.

Zes stukken

De achterpoot ligt nu los in de baarmoeder en belandt even later in de kruiwagen. De rottingslucht begint zich vrijelijk door de stal te verspreiden. Als ook de andere achterpoot en vervolgens het bekken met een deel van de romp zijn verwijderd, drijven de ingewanden van het kalf door de baarmoeder in het resterende vruchtwater. En overal zitten losse haren: in de baarmoeder en de geboorteweg; op de draadzaag en het embryotoom; op m'n armen en het verlospak, van m'n kin tot m'n laarzen. Tegen de stank in de stal kun je nu leunen; hij snijdt je de adem af en je ogen gaan ervan tranen. Zwijgend, bijna verbeten wordt er verder gewerkt. Het is een zwaar karwei. De buurman en z'n zoon zagen om beurten en stuk voor stuk komt het kalf uit de vaars naar buiten. Als tenslotte ook de kop tevoorschijn is gebracht, vis ik nog wat organen van het kalf op uit de baarmoeder. Binnenin is het een bende: bloedsoep met kluif, kalvermest en haren.

Spoelen

De baarmoeder zal nu gespoeld moeten worden. Maar hevelen met een slang en trechter gaat niet: vleesresten en haren zullen de slang direct verstoppen. Dan zie ik in de hoek van de stal een brandslang hangen op een haspel.

Kalf afzagen

De stalen kop met de hendel spoel ik af en schuif hem in de schede van de vaars: “zet maar open die kraan”. De eigenaar aarzelt maar doet wat ik vraag. Met de hendel kan ik de waterstraal dimmen.

in zes stukken gezaagd

Als de baarmoeder is volgelopen, zal ze samentrekken en alle vuiligheid naar buiten persen. Maar de baarmoeder van een koe heeft kort na de bevalling een grote inhoud: bijna honderd liter mag je wel rekenen. Het vullen van zo’n orgaan kost dus enige tijd. Het water blijft minutenlang stromen. De eigenaar wordt onrustig. Hij loopt naar de voorkant van de vaars en blijft daar staan. Hij bekijkt haar kop aandachtig en dan komt de vraag: “Woar blieft al dè watter?” Ik zeg dat het dadelijk allemaal weer naar buiten zal worden geperst. Pas nadat ik het antwoord heb gegeven, dringt de betekenis van de vraag tot me door: hij heeft aan de voorkant staan kijken of al het water, dat er aan de achterkant inloopt, langzamerhand niet door de bek naar buiten komt! Normaal gaat het drinkwater er immers aan de voorkant in en komt het er aan de achterkant als urine weer uit. Waarom zou de omgekeerde weg dan niet mogelijk zijn?

Nazorg

Eindelijk trekt de baarmoeder samen en een badkuip vol harige bloedsoep wordt uitgestort over mijn verlospak. Het spoelen herhaal ik tot het terugkomende water min of meer helder blijft. Daarmee is het karwei geklaard. Tweeënhalf uur is er onafgebroken gewerkt. Het is al etenstijd. De buren gaan naar huis. Ik was m'n armen en probeer de spullen weer schoon te krijgen. Aan de vaars doe ik nu niks: geen nageboortecapsules. Die zouden toch maar met het resterende water de baarmoeder uitgeperst worden. De eigenaar bindt haar een dek op en ze krijgt lauw water te drinken. Want door de inwendige douches met koud water is ze onderkoeld. Morgen kom ik terug voor de nabehandeling. Nee dank je, geen koffie. Ik ga gauw naar huis voor een douche en een grondige schoonmaakbeurt.

Infectie

De volgende ochtend is de stank uit de stal verdwenen. De vaars staat te vreten en haar temperatuur is normaal. Nu stop ik twee nageboortecapsules in de baarmoeder. De schede is niet beschadigd en maar weinig gezwollen: de weerstand van een koe blijft me verbazen. Als ze morgen fit is, mag ze terug bij het koppel in de wei. Want alleen op stal heeft zo'n dier 'geen aard'. Toch ontstaat er een infectie. Nee, niet bij de vaars, maar bij mij. Op m'n arm ontstaan rode vlekjes; dat worden bultjes en die krijgen puskopjes. In het laboratorium wordt daaruit een bacterie gekweekt: *Actinomyces pyogenes* staat op het uitslagformulier. Dat is de bacterie die rottingsprocessen in kadavers domineert. De lymfklieren in m'n oksel zijn wat verdikt, maar ik ben niet ziek. Ook aan mijn eetlust mankeert niks. Alleen eet ik een paar dagen met m'n linker hand omdat ik anders bij elke hap nog die kadaverlucht in m'n neus krijg. En dat bederft het genoegen van de maaltijd. Zelfs voor een veearts.

4. Slepende melkziekte *(onderlinge vee-verzekering)*

In de voorbije twintigste eeuw had elk Brabants boerendorp een onderlinge vee-verzekering die in ons praktijkgebied 'het fonds' werd genoemd. Die coöperatieve verzekering bood dekking tegen het verlies van vee. Niet alleen gestorven dieren vielen onder het fonds maar ook zieke of gewonde dieren die van het bedrijf moesten worden afgevoerd omdat behandeling niet zinvol of niet economisch verantwoord was.

Gemengd bedrijf

Rond 1970 was het boerenbedrijf in Noord-Brabant nog gemengd en kleinschalig met twee tot zes melkkoeien en wat jongvee; twee of drie zeugen plus een paar mestvarkens, enkele tientallen kippen en een moestuin. En daarvan leefden gezinnen met tien en meer kinderen. Een koe die doodging betekende toen een groot verlies. Er waren veel meer boeren dan nu en die deelden dan gezamenlijk de schade. Maar de bedrijven groeiden en gingen naar diersoort specialiseren. Melkveebedrijven hadden in de jaren tachtig al een veertigtal koeien; rond het jaar 2000 waren dat er negentig tot honderd. Het verlies van een koe woog dus steeds minder zwaar. En er bleven steeds minder boeren over om die schade te delen. Daarmee had de onderlinge vee-verzekering afgedaan. In de eenentwintigste eeuw verzekeren boeren alleen nog echte calamiteiten bijv. het verlies van een halve veestapel door brand. Zo'n schade moet dan door een grote maatschappij worden gedekt. Het fonds in Berlicum en Den Dungen heeft nog gefunctioneerd tot de uitbraak van mond- en klauwzeer in 2001 toen op de besmette bedrijven alle vee moest worden geruimd.

Weegbrug

Het bedrag dat vroeger uit de kas van het fonds aan de getroffen boer werd betaald bij het verlies van een koe, was afhankelijk van haar gewicht. Het dode of zieke dier moest dus worden gewogen voordat het van het bedrijf werd afgevoerd. Een bestuurslid van het fonds kwam dan met zijn tractor naar de betreffende boerderij.

weegbrug

Achter op zijn trekker bevond zich de weegbrug. Die was niet door een Delfts ingenieur ontwikkeld, maar bedacht en vervaardigd op een boerderij in Berlicum. En reken maar dat er op het meetresultaat niks viel af te dingen, want er moest per kilo worden uitbetaald.

Hersenverschijnselen

Het is avond en ik heb geen dienst. Toch belt een boer of ik niet even wil komen. Dat is heel ongewoon. Ik vraag verder niks en vertrek. Op het erf staat de trekker met de weegbrug van het veefonds. Een halfuur eerder werd een koe door de dienstdoende collega afgekeurd omdat ze vermoedelijk lijdt aan de ziekte van Aujeszky.

Het dier gedroeg zich vreemd: het leek wel blind, liep wankelend en ging tegen de stalwand staan duwen met de kop. Zulk afwijkend gedrag bij vee noemen we 'hersenverschijnselen', die heel divers kunnen zijn. Veel ziekten die met hersenverschijnselen gepaard gaan, hebben een dodelijke afloop bijvoorbeeld de gekke-koeien-ziekte en hondsdolheid (rabiës). Dat geldt ook voor rundvee met de ziekte van Aujeszky, die ook wel 'pseudo-rabiës' wordt genoemd.

Ziekte van Aujeszky
Het Aujeszky-virus komt in de jaren tachtig nog wijdverbreid in Nederland voor onder varkens. En deze boer heeft niet alleen melkvee maar ook mestvarkens die besmet zijn met dit virus. Dat is eerder door bloedonderzoek vastgesteld. Bij varkens merk je daarvan weinig: ze kunnen drager zijn van het virus zonder zelf ziek te worden. De varkensstal staat hier op ruime afstand van de koeienstal. En er wordt gewerkt in aparte bedrijfskleding en met apart gereedschap. Maar overbrengen van een virus is nog minder dan een kleinigheid. Bij koeien kan het Aujeszky-virus in het zenuwstelsel binnendringen waardoor hersenverschijnselen ontstaan die lijken op hondsdolheid, vandaar 'pseudo-rabiës'. En een dolle koe is angstaanjagend. Ik heb dat eens meegemaakt. Terwijl ik haar stond te temperaturen vloog ze plotseling brullend naar voren en beet zich schuimbekkend vast in de stalen beugel waaraan ze vaststond (gelukkig héél stevig). De boerin, die vóór de koe bij de deur stond, vluchtte in paniek naar binnen en liet zich niet meer zien tot het dier van het erf was afgevoerd. In een later stadium wordt zo'n koe suf en na twee of drie dagen gaat ze dood. Behandeling verandert daar niks aan. De diagnose kan alleen met zekerheid worden gesteld door onderzoek van de hersenen en het ruggemerg. Dus pas na de dood.
Gelukkig is het Aujeszky-virus niet besmettelijk voor mensen. Het echte hondsdolheid-virus is dat wel. En ook daarmee kunnen koeien besmet raken door de beet van een dolle hond of een vos, als ze in de wei lopen. Je moet dus oppassen bij koeien met hersenverschijnselen.

Onderzoek

"Goejenavond samen." De boer en de voorzitter van het fonds voelen zich ongemakkelijk in deze situatie. Nooit eerder is in deze praktijk een 'second opinion' gevraagd. Dat heeft dus een dringende reden. We gaan naar de vroegere paardenstal. Daar ligt een magere koe met ingevallen flanken. Ze vreet niet meer en 'de melk is er onderuit.' In de koeienstal deed ze vreemd en leek wel blind; onderweg naar hier liep ze te zwalken. Nu ligt ze sloom te kijken. Haar achterpoten zijn wat gezwollen doordat er zoolzweren zitten onder de buitenklauwen. Ondanks haar versufte indruk ben ik op mijn hoede. Ze heeft geen koorts, hart en longen zijn normaal, maar de pens ligt stil. De uier is slap. Bij het inwendige onderzoek blijkt ze niet drachtig en in de pens zit maar weinig voer, de darmen zijn leeg. Met een katheter tap ik wat urine af. Het teststrookje kleurt onmiddellijk fel-paars: dus er zitten veel ketonen in de urine. Dat zijn afbraakproducten van vet. Eén daarvan is aceton, een stof die gemakkelijk verdampt met een kenmerkende geur.

Acetonemie

Als een dier vermagert, wordt lichaamsvet afgebroken en komen er ketonen vrij in het bloed. Die worden niet alleen met de urine uitgescheiden maar ze komen ook in de melk en ze worden uitgeademd. Veel mensen ruiken dat niet, maar enkelen hebben een neus die daarvoor heel gevoelig is: zij herkennen de lucht al op enkele meters afstand en tussen veertig koeien wijzen ze aan welk dier stinkt naar aceton. Zo'n koe lijdt dan aan acetonemie, een aandoening die de boeren 'slepende melkziekte' noemen. Als de concentratie ketonen (aceton) in het bloed hoog oploopt, worden de hersenen erdoor geprikkeld en kunnen hersenverschijnselen ontstaan. De voorzitter van het veefonds beschikt over zo'n gevoelige neus en hij is de koe komen wegen vanavond. De acetonlucht van het dier was hem bij het wegen opgevallen. "Die koe heeft geen Aujeszky maar slepende melkziekte" heeft hij tegen de eigenaar gezegd.

En dat is een aandoening die vaak met goed resultaat kan worden behandeld. Misschien kan dus ook deze koe toch genezen en hoeft ze niet uit de fonds-kas te worden betaald.

Behandeling
De eigen vetverbranding moet worden gestopt en de koe moet weer gaan vreten. Ze krijgt een infuus met een suikeroplossing in de melkader voor de directe energie en een spuitje met een cortison-preparaat om de nog overgebleven eigen energiereserves te mobiliseren. Mais en smakelijk hooi worden voor haar neus gelegd en dan krijgt ze een 'vreetspuit': een stof die de hersens prikkelt om te gaan vreten. Tot slot laat ik wee flessen met propyleenglycol achter voor de nabehandeling. Dat wordt haar de komende dagen in de bek ingegeven. Het werkt bij herkauwers zoals druivensuiker bij de mens: het levert snel energie. En terwijl ze nog ligt, kunnen de klauwen worden bekapt. Want daar, door die zoolzweren, is deze ellende begonnen. Door de pijn aan haar poten stond ze te kort aan het voerhek en vrat ze te weinig. En bij een koe die veel melk geeft, kan daardoor in een paar dagen slepende melkziekte ontstaan.

Afloop
De koe is volop gaan vreten en haar melkproductie is weer op peil gekomen. De fonds-kas werd deze keer dus niet aangesproken.
En zo is een goede neus soms geld waard. In dit geval: de prijs van een melkkoe.

5. Kopziekte *(hypomagnesemie)*

Verschillende aandoeningen bij de koe gaan gepaard met een afwijkend gedrag. De symptomen worden hersenverschijnselen genoemd. Eén van de aandoeningen met zulke hersenverschijnselen is de gekke-koeien-ziekte die enkele jaren geleden veel publiciteit kreeg omdat de indruk bestond dat de ziekte overdraagbaar is op mensen. Een andere ziekte met een dergelijk afwijkend gedrag is kopziekte. Daarbij krijgen de dieren plotseling krampen; ze vallen neer, slaan wild met poten en kop en loeien luid. Als er dan niet snel wordt ingegrepen gaan ze in een paar uur dood.

Magnesium

Kopziekte bij koeien ontstaat door een voedingsfout: als ze lange tijd te weinig magnesium te vreten krijgen, kan het ze plotseling in de kop slaan. Een magnesiumtekort in het gras ontstaat als de bodem te weinig van dit mineraal bevat en teveel kalium. Want dat verdringt magnesium bij de opname in het gras. Toch groeit het gras dan even goed; het wordt alleen iets minder groen. Maar dat valt niet op als de kleur overal in de wei hetzelfde is. Kopziekte komt alleen voor bij koeien die bijna uitsluitend gras vreten dat weinig magnesium bevat, dus als ze dag en nacht in de wei lopen. Moderne melkkoeien komen niet meer buiten of maar een paar uur per dag. Ze krijgen een uitgekiend rantsoen met gras, mais en verschillende soorten krachtvoer. Dat hebben ze nodig om per dag vijftig liter melk of meer te kunnen produceren. Dat kan niet op een dieet dat alleen uit gras bestaat.

Spoed

Het is november. Er wordt gebeld voor een koe met kopziekte. Dat is de oproep met de hoogste graad van urgentie. Vlug de hoorn op de haak en op een draf naar de auto. Dan de snelste weg naar het betreffende weideperceel. Het gaat om minuten. Het is huilend herfstweer met een striemende regen en slecht zicht ondanks het werk van de ruitenwissers. Gelukkig is er weinig verkeer op de lokale wegen. Overal staan de koeien al op stal. Maar hier staan ze nog in de wei, op een kluitje vóór het hek met de kont in de wind en de regen. Zo wachten ze gelaten tot de bui voorbij is.

met de kont in de wind en de regen

Infuus
Midden in de wei ligt een koe op haar zij. De poten slaan heftig heen en weer; de kop beukt in de grond; schuim staat op de bek en ze brult angstaanjagend. Gauw twee infuusflessen uit de auto, een slang en een naald. De stethoscoop in de zak; over het hek, het koppel koeien voorbij. Vlug! De enige veilige plek in haar buurt is aan de rugzijde. Van daaruit steek ik de naald in de melk-ader onder de buik. De modder op de huid negeer ik. De infuusfles omhoog, lucht uit de slang en dan stroomt het reddende vocht met magnesiumzouten de bloedbaan in naar het hart, de hersenen en de spieren.

De eerste fles is al binnen vijf minuten leeg. Als ik de tweede aansluit, lijken de krampen iets minder te worden. Die tweede fles houd ik lager om de snelheid van het infuus af te remmen en ik controleer nu het hart. Dat bonkt tegen de stethoscoop. Maar geleidelijk wordt het hartritme rustiger. Hè hè, dat was op het nippertje.

Bemesting

Ik adviseer om de koeien op stal te zetten. Ze hebben allemaal een te kleine magnesiumreserve en lopen dus het gevaar om vroeger of later kopziekte te krijgen. Dat advies valt niet in goede aarde: de boer kijkt langs me heen de wei in. De dieren lopen hier pas een week en er staat nog veel gras terwijl op stal de wintervoorraad moet worden aangesproken. Ik vraag hoe hij dit perceel heeft bemest. "Gewoon, met varkensgier." In varkensmest zit veel kalium. Daarbij moet dan extra magnesium worden gestrooid. "Heb je ook kieseriet of magnesamon gestrooid?" Hij reageert geërgerd: "Ge ziet toch zeker zelf wel dat het gras hier verrekkes hard groeit!" Ik heb hem gekrenkt in zijn eer als boer: alsof hij niet zou weten hoe de grond moet worden bemest! Ik zwijg maar verder. Het zijn tenslotte zijn koeien.
Enkele dagen later heeft een collega spoeddienst als er wordt gebeld voor een tweede koe met kopziekte in dezelfde wei. Als hij aankomt, is de koe al dood. Kort daarna zijn alle dieren opgestald.

Risico?

Bij de huidige beperkte weidegang komt kopziekte niet meer voor. Toch is het risico niet volledig afwezig. Want ook bij stalvoedering kan het rantsoen overwegend uit gras bestaan. En koeien met een grote melkproductie verliezen dagelijks veel magnesium met de melk. Dus als het gras dat ze op stal krijgen te weinig van dit mineraal bevat, kan het evenwicht tussen opname en afgifte worden verstoord. Het is maar te hopen dat het ziektebeeld dan ook bij de koeien op stal onmiddellijk wordt herkend. Want als een adequate reactie een tijdje op zich laat wachten, is dat fataal.

6. Koeien onthoornen *(open loopstal)*

1984: koe met hoorns

Tot in de jaren zeventig stonden de koeien in het achterhuis van de boerderij aangebonden op de grupstal. De boer en zijn gezin woonden in het voorhuis. De veestapels werden echter fors uitgebreid en er moesten nieuwe stallen komen. Dat werden de open loopstallen die nu overal op het platteland te zien zijn. De koeien staan daarin niet meer vastgebonden maar ze lopen vrij rond. Een hek zorgt voor de afscheiding met de voergang. Om te kunnen vreten, moeten ze de kop door dat voerhek steken. Grote hoorns vormen daarbij een probleem. Verschillende koeien kwamen klem te zitten en de slijptol was nodig om ze te bevrijden. Daarom moesten in de loop van de jaren zeventig en tachtig bij hele koppels koeien de hoorns worden afgezaagd. Sindsdien worden bij de nuchtere kalveren de hoornpitten verwijderd en is het onthoornen van volwassen vee verleden tijd.

Zagen

Koeienhoorns zijn keihard en voor een gedeelte gevoelloos. Je kunt ze met een zaag een stukje inkorten zonder dat dit pijn doet. Maar ze blijven een leven lang doorgroeien en zo is die manier van inkorten maar een tijdelijke oplossing. Afzagen aan de basis, op de kop, is een doeltreffender ingreep. Maar daar zijn de hoorns bijzonder gevoelig en bovendien voorzien van grote bloedvaten. Om ze aan de basis te kunnen afzagen moet er dus worden verdoofd. De koeien worden eerst een beetje suf gemaakt om stress te voorkomen en dan volgt de plaatselijke verdoving. Maar dat prikken in hun kop met een injectienaald laten ze niet zomaar gebeuren. Als er een gaat brullen, heb je de poppen aan het dansen: alle koeien in de stal staan dan 'op scherp' als je eraan komt met je spuitje. Dan is het echt uitkijken, want die hoorns zijn hun wapens waarmee ze zich verdedigen. Maar als alle koeien suf zijn en de plaatselijke verdoving doet goed haar werk, dan kunnen de hoorns zonder probleem met een draadzaag aan de basis worden doorgezaagd. De spuitende bloeding die daarop veelal volgt, wordt gestelpt door een strak elastiek rond de resterende stompen. Een koppel melkvee omvatte destijds zo'n veertig koeien. Om ze te onthoornen moesten dus tachtig van die harde dolken worden doorgezaagd. Dat was een halve dag zwaar werk.

Knippen

Bij het maken van de afspraak om z'n koeien te onthoornen vraagt de boer of ik er bezwaar tegen heb om ze af te knippen in plaats van ze af te zagen. Met een tang die werkt op de oliedruk van zijn tractor, wel te verstaan. Dat zou minder vermoeiend zijn en sneller. Nu heb ik een loonwerker wel eens bezig gezien met zo'n tang om boomstammen doormidden te knippen: een stobbenschaar wordt zo'n apparaat genoemd. Het eist flink wat paardenkrachten van de tractor. Maar die zijn ook dan al sterk: variërend van zo'n zestig tot honderdtwintig pk. Met een goede verdoving zou het voor de koeien eigenlijk geen verschil mogen maken hoe die hoorns worden verwijderd.

En een tractor voor hun neus zijn ze gewend: daarmee worden ze twee keer per dag gevoerd. We besluiten om het te proberen. Op de afgesproken dag staan alle koeien klaar met de kop door het hek. Ze krijgen een injectie met een kalmeringsmiddel; niet teveel want ze moeten bij de ingreep blijven staan. Dan volgt de plaatselijke verdoving. Als ze daarna bij controle niet echt gevoelloos zijn, wordt er bijgespoten. Dan wordt de tractor gestart en de enorme schaar wordt in de juiste positie gemanoeuvreerd boven de kop van de eerste koe. Dat kost enige oefening want het formaat van de schaar is voor dit karwei buiten proportie. Maar één keer op de juiste plek is het een kwestie van even gas geven en plop! Met een knal vliegt de hoorn weg. Het is minder dan een fluitje van een cent.

2004: koeien zonder hoorns

Met z'n tweeën zijn we binnen twee uur klaar met de hele veestapel. En we zijn helemaal niet moe. De koeien hebben er niks mee geleden: 's avonds is de melkgift normaal en de hoornstompen zijn niet gaan ontsteken.

Tuinmest

Een vuilniszak vol met afgeknipte hoorns neem ik mee naar huis. Mijn vrouw heeft daarom gevraagd omdat ze die als prima mest beschouwt voor bepaalde planten in de tuin. In de dagen daarna zijn ze op diverse plaatsen in de grond gestopt. Een hele tijd later komt er in Den Dungen kabeltelevisie. Daarvoor wordt een sleuf gegraven van de straat naar het huis. Als ik thuiskom voor de lunch word ik aangesproken door de voorman van de kabelploeg. Bij het graafwerk zijn z'n mannen in de tuin resten tegengekomen van dode koeien en ze zijn bang voor besmetting met lijkenkoorts of andere ernstige infecties. Daarom zijn ze gestopt met graven.
Dode koeien in onze tuin? Maar als blijkt dat het alleen om hoorns gaat die ze zijn tegengekomen, begint me iets te dagen. Die zijn afkomstig van gezonde dieren. Ze dachten dat ik na een mislukte behandeling dode dieren thuis had begraven. En welke ziektes konden die koeien allemaal gehad hebben? We zijn daarna zonder mankeren op de televisiekabel aangesloten. En in de tuin floreerde alles.

7. Pinkenstier *(keizersnee bij een vaars)*

Als een kalf een jaar oud wordt, verandert het van naam: het is dan geen kalf meer maar een pink. Als zulke pinken voldoende groot zijn, worden ze op een leeftijd van veertien of vijftien maanden door een stier gedekt of kunstmatig geïnsemineerd. Na negen maanden dracht gaan ze kalven op een leeftijd van ongeveer twee jaar. De pink wordt dan vaars. Maar bij de geboorte van dat eerste kalf is zo'n vaars nog niet volgroeid. Daarom mag haar eerste kalf niet te groot zijn om geboorteproblemen te voorkomen.

Draagtijd

Stieren die door hun moeder minder dan negen maanden in de baarmoeder zijn gedragen voordat ze ter wereld kwamen, blijken zelf kalveren te verwekken waarvan de draagtijd ook korter is. Daardoor zijn die kalveren minder fors en verloopt de geboorte vlotter. Het vaderdier heeft dus invloed op het geboortegewicht van de kalveren die hij verwekt. Stieren met zo'n kortere draagtijd zijn daarom ideale partners voor jonge, dek-rijpe pinken. Bij de keuze van een pinkenstier houden de boeren daar rekening mee. Want een stier die zware kalveren verwekt, veroorzaakt geboorteproblemen bij de vaarzen. De rekening van de veearts loopt dan hoog op. Vooral als daarbij veel keizersnedes noodzakelijk zijn.

Keizersnee

De keizersnee vormt voor veel boeren de maatstaf voor het vakmanschap van de veearts: hoe sneller de ingreep wordt uitgevoerd, hoe kundiger de veearts. Die weet dat en haast zich: operatietijden van een half uur worden soms genoemd. Daarbij worden het voorafgaande onderzoek en het scheren en ontsmetten van het operatiegebied niet meegerekend. De tijd om te verdoven en die verdoving ook in te laten werken telt daarbij evenmin; zo min als het wassen en desinfecteren van de handen en armen van de chirurg. Het gaat uitsluitend om de tijd tussen de huidsnede en de laatste hechting. Maar de gevolgde operatietechniek kan ook nogal verschillen.

pinkenstier

Zo wordt de buik als regel in de linkerflank geopend. Maar soms moet dat rechts gebeuren. Normaal wordt er bij het staande dier geopereerd, maar soms kan het dier niet (blijven) staan en gebeurt de keizersnee liggend. Het aantal lagen waarin wordt gehecht, kan variëren van vier tot zeven en elke laag kan dan weer worden gesloten met afzonderlijke hechtingen of met een doorlopende draad. Dat is allemaal van invloed op de operatiesnelheid. Dus om het vakmanschap van een veearts alleen maar van je horloge af te lezen, lijkt wat te simpel. Echte snelheidsduivels bij de keizersnee vind je overigens vooral in België: zeven operaties in één nacht zijn daar ooit verricht! Dat vertelde me een Gentse hoogleraar in de verloskunde.

Ik rekende voor een keizersnee gemiddeld twee uur: drie kwartier voor onderzoek, verdoven, scheren, desinfecteren, handen wassen en ontsmetten; een uur voor het snijden en hechten; en een kwartier om de spullen na afloop schoon te maken en in te pakken, plus een kop koffie. In één nacht heb ik ooit drie keizersnedes moeten doen en ik heb nooit de behoefte gevoeld om dat record te verbeteren.

Verlossing

Het is elf uur 's avonds. Er wordt gebeld voor de verlossing van een vaars. De boer heeft al aan het kalf getrokken, maar er komt geen schot in de zaak. Als ik aankom heeft hij het dier uit de open loopstal gehaald en op de oude grupstal gezet in de boerderij. Het is daar warmer dan in de grote stal en we hebben geen last van nieuwsgierige koppelgenoten. Een tafeltje en een bouwlamp staan klaar voor de operatie. In m'n verloskleding voel ik naar de oog- en slikreflex van het kalf om te weten of het nog leeft. De schouderbreedte is te groot ten opzichte van de bekkenbeenderen van de vaars voor een normale geboorte. Het wordt dus een keizersnee.

Voorbereiding

De vaars krijgt een ruggenprik vlak vóór de staartinplant; dat stopt de persweeën. Maar je mag daar niet teveel inspuiten want ze moet bij de ingreep blijven staan. Dan worden in de linker flank de huid en de spieren verdoofd en ga ik de operatieplaats scheren en ontsmetten. Als ik m'n handen en armen sta te borstelen boven een emmer, valt m'n oog op het zaagsel dat op de vloer ligt uitgestrooid. Dat is om de standplaats droog te houden en uitglijden van de vaars te voorkomen. Zaagsel kan echter stuiven, in de wond komen en ontstekingen veroorzaken. Maar als je dat nu nog weg gaat vegen zou je de zaak maar erger maken: het opwaaiende stof zou zich dan o.a. gaan hechten aan de betadine op de operatieplaats. Dus dan toch maar liever zo.

Operatie

Tijdens de ingreep staat de vaars netjes stil. Ze drinkt en begint te herkauwen. In de open buik zie ik de pens in golven samentrekken. Ze is kennelijk op haar gemak en de verdoving zit dus goed. Bij een groot kalf moet de baarmoeder al gauw een halve meter worden ingesneden. De achterpoten verschijnen in de wond en ik doe daar een steriel kettinkje omheen. Aan het andere eind kan de boer trekken om het kalf uit de buik te tillen. Dat is een hele hijs: ruim veertig kilo boven je macht. Even later ligt het in de hoek van de stal. De boer wrijft het droog met wat stro en het tilt meteen z'n kop op.

Hechten

De baarmoeder hecht ik twee keer: over de eerste hechting komt nog een tweede. De kans op doorlekken van vruchtwater wordt daardoor klein. De buikholte wordt doorlopend gehecht. Voor de dikste spierlaag gebruik ik knoophechtingen omdat de trekkracht daar het grootst is. Ook onder de huid komen een paar knoophechtingen om de wond kleiner te maken waardoor er minder spanning komt op de randen van de huidwond. Tenslotte spuit ik ontsmettende spray op de huidhechtingen en de vaars krijgt injecties met antibiotica. Klaar! Voor de nabehandeling laat ik een flesje met antibiotica achter. Spullen afspoelen en inpakken. Tijd voor een kop koffie.

Abces

Een week later wordt de wond dik. Er vormt zich een abces onder de huid en tussen de spieren. Maar de vaars is niet ziek. Ook de melkproductie komt goed op gang. Inwendig is alles in orde. Nog een week later open ik het abces en kan de etter afvloeien. Wat is hier misgegaan? Soms is dat niet te achterhalen. Een paar dagen later krijgt een volgende vaars geboorteproblemen: deze pinkenstier is dus geen goede keus geweest. En er moeten van hem dan nog negen vaarzen kalven! Een collega treft de tweede keizersnee. Weer op de grupstal, want daar stond alles nog klaar precies als de vorige keer.

keizersnee

Ook deze operatie verloopt vlot en zonder complicaties. Toch gaat ook nu de wond ontsteken en ontstaat er een groot abces. Op de praktijk komt dat ter sprake. En dan valt bij mij het kwartje: Het zaagsel! Dat heeft er beide keren gelegen. Je weet nooit zeker of dat de oorzaak is van de abcessen. Tenslotte is bij operaties op de boerderij de steriliteit sowieso maar iets betrekkelijks. Eigenlijk is het een wonder dat zoveel ingrepen aflopen zonder infecties: meer dan eens hebben spinnewebben boven de open buik gehangen in de lage, oude stallen. En dat is maar één voorbeeld van het werken onder praktijkomstandigheden. De goede afloop van zoveel chirurgische ingrepen in de praktijk is daarom op de eerste plaats een groot compliment voor het afweersysteem van de koe. De vaardigheid van de veearts komt daarbij op de tweede plaats.

Afloop

Het zaagsel is daarna van de grupstal verwijderd. Hoeveel van de vaarzen vervolgens nog met een keizersnee zijn verlost, herinner ik me niet. Maar abcessen zijn daarbij niet meer voorgekomen.

8. Doodliggen van biggen *(gemengd bedrijf)*

Volwassen zeugen zijn gewichtige dieren: tweehonderd kilo en méér wegen ze. Zo'n zeug heeft ruimte nodig om te gaan liggen. Een big die dan te dichtbij haar is, loopt het risico te worden geplet: ze kan worden doodgelegen.

Zeugenkooi
Biggen die door de zeug worden doodgelegen, zijn in de varkensfokkerij een serieuze verliespost. Daarom wordt in de kraamstal een kooi gebruikt die belet dat de zeug zich plotseling breeduit op haar zij laat vallen. Het is een constructie van stalen buizen die in het midden van het kraamhok wordt geplaatst. Als de werpdatum nadert, wordt de zeug daarin gezet. Biggen kunnen gemakkelijk onder de beneden-buis door. Zo kunnen ze weg als moeder aanstalten maakt om te gaan liggen; en ze komen aangehold zodra de zeug ligt en de spenen met het voedzame zog voor hen bereikbaar zijn geworden.

Warmtelamp
Een toom pasgeboren biggen telt doorgaans tussen de tien en achttien stuks. Ze zoeken in het kraamhok naar een warme ligplaats. De boer voorziet daarin door het ophangen van een warmtelamp in een hoek van het hok. Dat is op enige afstand van de zeug waar ze veilig zijn als de zeug gaat liggen. Dan hollen ze naar haar toe om de spenen te pakken te krijgen die de meeste melk geven. Doorgaans zitten die vooral vooraan. De biggen aan de achterste spenen blijven dan ook kleiner. Maar zijn ze al bij de zeug aangekomen voordat moeder goed en wel ligt, dan bestaat het risico dat ze worden doodgelegen.

Waken
Tegenwoordig heeft een varkensfokbedrijf enkele honderden zeugen. Bij de geboorte van de biggen is de boer dan ook niet meer aanwezig: hij zou z'n eigen bed dan nauwelijks nog beslapen. Maar in de jaren zeventig en tachtig was het aantal fokvarkens op de gemengde bedrijven nog klein en waakte de boer bij elke zeug die ging werpen.

'waken' bij het werpen

Want als bij de geboorte bijv. nummer drie van vijftien biggen dwars in de geboorteweg ligt en de doorgang blokkeert, dan stagneert het geboorteproces. En als dat niet wordt gecorrigeerd, zijn dertien dode biggen en een doodzieke zeug daarvan het gevolg. De dwarsligger dient dus bijtijds de juiste weg te worden gewezen; de volgende dag is het daarvoor te laat. Bovendien zijn pasgeboren biggen nog niet zo vlug en is bij hen het risico op doodliggen het grootst. En door de voortdurende weeën gaat de zeug nogal eens opstaan en verliggen totdat ze de laatste big ter wereld heeft gebracht. De eerder geborenen zijn dus niet veilig in haar directe omgeving. Daarom legt de oppassende boer elke big direct na de geboorte weg onder de lamp. Maar boeren maken lange dagen. De koeien worden elke ochtend al vroeg gemolken en 's avonds, na het eten, nog een tweede keer.

Kalveren worden vaak 's nachts geboren en ook daarbij moet worden opgelet. Veel nachten zijn dus onderbroken. Slaapproblemen kent een boer dan ook niet: hij hoeft maar ergens te gaan liggen en hij slaapt.

Gemengd bedrijf
Op het gemengde bedrijf van Rien gebeurt alles rustig en op z'n tijd. Het gezin telt twee bijna volwassen, mooie dochters. Met hun uiterlijk en temperament zullen die niet overblijven om van de boerderij te blijven leven. En er is geen zoon als bedrijfsopvolger. Daardoor ontbreekt voor Rien de prikkel om met z'n tijd mee te gaan, om zijn bedrijf te laten groeien en naar diersoort te specialiseren. Hier blijft alles maar zo'n beetje bij het oude. Het aantal koeien is te klein om daarvan te kunnen leven. Daarom zijn ook de fokzeugen aangehouden en worden de biggen die ze werpen hier afgemest. Kippen scharrelen overal rond op het erf. Ook die helpen mee om de kosten van het levensonderhoud te drukken. Ach, ze hebben zo geen klagen. En zonder grote leningen bij de Rabobank heeft het leven ook weinig stress. Ze doen dus maar zo'n beetje heene....

Nachtrust
Eén van de zeugen is vandaag uitgeteld. Ze is gisteren al naar het kraamhok overgebracht en daar in de zeugenkooi gezet. Omdat ze aanstalten maakt om te gaan biggen, krijgt de vrouw vanavond het echtelijke bed voor zich alleen: Rien zal bij de zeug blijven waken. Met de geboorte van een flinke toom biggen is al gauw een paar uur gemoeid. Zijn vrouw slaapt dus ongestoord in. Maar als ze wakker wordt, schijnt de zon de kamer in en ligt ze nog steeds alleen in bed. Er heerst onrust in de stal: de koeien loeien en ook in de varkensstal is er tumult. Het is verdorie ook al halfnegen! Ze schiet vlug in haar kleren en haast zich naar beneden. De koeien staan met strakke uiers en laten de melk in stralen lopen. Als ze de deur naar de stal met de mestvarkens opendoet, ontstaat een oorverdovende herrie:

de varkens willen vreten. Tenslotte vindt ze haar man in de kraamstal: diep in slaap ligt hij languit tussen de zeug en de warmtelamp. Een tiental biggen ligt in het lamplicht en scharrelt rond zijn hoofd. "Hei, Rien! Verdorie! wakker worre! D'r moet gemolke en gevoeierd. Het is al bekant negen uur!" Slaperig komt Rien overeind, zoekt in het stro naar zijn klompen en klopt zijn overall af. Hij wrijft z'n ogen uit en geeuwt. Dat is waar ook: hij is in de stal omdat de zeug ging biggen. Maar dan ziet hij de strakke blik van zijn vrouw, die langs hem heen naar het stro achter hem kijkt. Hij draait zich om en verschiet: op de plek waar hij zonet lag, liggen twee dode biggen. Toen hij zich vannacht in zijn slaap heeft omgedraaid, heeft hij ze zelf doodgelegen.

9. Geitenverlossing

melkgeiten

Ook na je pensionering kun je nog last hebben van schuldgevoelens. Althans bij mij is dat zo. Daarbij kan het om een kleinigheid gaan. Want wat is nou helemaal een geit? En toch ...

Verlossing

Den Dungen is een dorp aan de zuidkant van de Zuid-Willemsvaart. Veel van het dorpse karakter is er behouden en op een enkel klein boerenbedrijfje vindt je er nog de gemengde kleinschaligheid.
Het is een gewone werkdag. M'n pieper gaat: verlossing van een geit in het buitengebied van Den Dungen. De eigenaar heeft er al zijn best op gedaan maar dat heeft niks uitgehaald.

Dat blijkt ook geen wonder: de geit reikt tot net boven zijn knie en de man heeft handen als kolenschoppen, helemaal in overeenstemming met zijn voeten die zijn gestoken in laarzen van maat 51. Uit de geboorteweg van de geit steekt een pootje. Met één vinger in de schede kom ik tegen de teruggeslagen hals van het lam. Verder onderzoek is niet mogelijk, daarvoor is de geboorteweg veel te nauw. "Dit gaat zo niet lukken, Grad, dit wordt een keizersnee". Hij vraagt wat dat gaat kosten. "Honderdtwintig gulden? voor een geit? Voor twintig gulden koop ik al een nieuwe, nee, voor nog minder!" Maar deze prijs is echt het minimum voor een spoedvisite plus een uur operatieve arbeid. "Het alternatief is doodspuiten, maar dan heb je niks: geen lam en geen geit." Wat zo'n spuitje dan kost, wil hij weten. Maar vindt ook dat te duur: "Dan kijk ik maar 's af wat het wordt." Intussen blèrt de geit bij elke wee oorverdovend. Het is moeilijk voor te stellen dat er zo'n groot volume komt uit de keel van zo'n klein beestje. Het is tot op een kilometer afstand te horen en de snerpende toon doet pijn aan je trommelvliezen.

Oplossing

Hier heb ik twee problemen: een geboorte die niet via de natuurlijke weg kan plaatsvinden en een eigenaar die niet voor de noodzakelijke keizersnee wil betalen. Moet ik toegeven aan de druk om voor niks te werken of laat ik het dier plus het ongeboren jong hier langzaam creperen? Er moet onmiddellijk worden beslist.

"Een emmer water en een handdoek". In de verlostas heb ik een borstel en betadinezeep. "En houd die geit eens goed vast." Enorme handen omklemmen het krijsende dier. Boorzalf is in dit soort marginale gevallen het aangewezen glijmiddel. Ik strijk daarvan een dikke laag over mijn hand en begin de geboorteweg op te rekken. Dat ziet er hopeloos uit: m'n samen-getuite vijf vingers zijn minstens zes keer zo dik als de schedeopening waardoor ik naar binnen wil. Nu is bij een bevalling de rekbaarheid van de geboorteweg enorm. Dat heb ik bij mijn werk al vaak meegemaakt, soms tot m'n grote opluchting.

En geiten vormen in dit opzicht de overtreffende trap. Maar alles heeft een grens, zelfs de geboorteweg van een geit. "Góéd vasthouden, Grad!" Hij buigt wat verder voorover en zet zich schrap. Het gillen van de geit moet nu de overkant van het kanaal wel bereiken. Maar jawel, na veel duwen en wringen voltrekt zich het wonder: m'n hand schuift de baarmoeder in. Vervolgens is de repositie geen probleem en de verlossing verloopt daarna als vanzelf: met zoveel ruimte in de opgerekte geboorteweg is dat ook geen wonder. En het lam leeft! De geit blèrt nu niet meer. De stilte is onwezenlijk. Ook de eigenaar zwijgt: dit was van het goede/goedkope teveel. Z'n geit krijgt nog een nageboortepil, een spuitje tegen infecties, een pijnstiller en een injectie met oxytocine om de baarmoeder te laten samentrekken tot een normaal formaat.

Natuur

De volgende dag kom ik 'toevallig' langs. Want de nageboorte kan zijn achtergebleven, een buikvliesontsteking is goed mogelijk en een gezwollen geboorteweg onvermijdelijk. Maar: "Nee, alles is prima. Anders had ik vanmorgen wel gebeld." Vooral dat laatste lijkt me onwaarschijnlijk dus ik reageer niet. Maar vanuit het hok kijken een levendig lam en een nieuwsgierige geit me verbaasd aan: Wat komt die veearts hier doen?

Later houd ik zelf twee paarden en een aantal Drentse heideschapen. Voor de aardigheid en voor een beetje levendigheid achter het huis. Maar geiten wil ik niet; nog niet voor niks.

10. Schijndood *(keizersnede bij een geit)*

Het vaststellen van de dood is niet altijd eenvoudig. En dat is geen nieuw probleem: vroeger werden daarom doodkisten gebruikt met een bel. De overledene kreeg het koord in zijn hand zodat hij tot het allerlaatst aan de bel kon trekken als hij nog zou ontwaken uit z'n doodsslaap. Schijndood is dus al eeuwen bekend.

Geit

Het is winter. Het vriest streng en het is elf uur 's avonds. Ik wil net naar bed als de telefoon gaat. Verlossing van een geit. Bij iemand die zelf verlossingen doet als het kleinere dieren betreft zoals Shetland pony's, schapen en geiten. Zij doet het graag, heeft kleine handen en intussen ook veel ervaring. Dit moet dus wel een moeilijk geval zijn. Urenlang is geprobeerd om de eigen geit te verlossen; want het inroepen van hulp door de veearts wordt als een nederlaag gevoeld. Maar er zal uiteindelijk toch een oplossing moeten komen. Het lam blijkt te groot. Het wordt dus een keizersnee.

In de keuken

Gelukkig kan dat op de keukentafel. Daar is het lekker warm en de werkhoogte is comfortabel. De geit wordt op de rechter zij vastgebonden met strotouwtjes aan de hoorns, de voor- en achterpoten. Die worden aan de tafelpoten vastgeknoopt. Dan de linker flank verdoven, scheren en joderen; handschoenen aan en snijden. In de baarmoeder ligt een veel te groot lam met zijn kop tegen de bekkeningang van de geit. Ik trek het aan zijn achterpootjes naar buiten. Het is vlug gebeurd, maar het is toch te laat: als een slappe tod hangt het lam in m'n hand; geen hartklop te voelen en geen oogreflex meer. De vuilnisemmer staat naast me. Met het voetpedaal doe ik die open en laat het dode lam erin vallen. In de baarmoeder zit nog een tweede lam, kleiner dan het eerste. Ook dit ligt slap op m'n hand. Ik laat ook dit lam in de vuilnisemmer verdwijnen. Ik doe schone handschoenen aan en sluit de baarmoeder en de buikholte. Als ook de huidwond gesloten is, spuit ik daarover wat wondspray.

Dan knoop ik de moedergeit los van de tafelpoten. Daarbij hoor ik zacht gemekker: de geit voelt zeker dat ze bewegingsvrijheid krijgt. Als alle touwtjes zijn losgemaakt, wordt ze van de keukentafel getild. Dan klinkt er weer zacht gemekker. En dat is niet afkomstig van de geit. Opnieuw klinkt het zacht: mèèèèh. Het geluid komt uit de vuilnisemmer! Ik trap op het voetpedaal en jawel: het kleine lam scharrelt daar tussen het afval op zoek naar zijn moeder. Dat is een blijde verrassing! Die 'nakomer' had ik dus niet goed gecontroleerd.

Afloop
De moedergeit en haar dochter hebben nog jaren daarna door de tuin gehuppeld. Als ik er soms eens moest zijn, kreeg ik altijd de vraag: "En kende gij die nog?"

'en kende gij die nog?'

11. Kalfziekte *(hypocalcemie)*

Melkkoeien kunnen rond het kalven verlamd raken. Meestal gebeurt dat in de eerste paar dagen na het kalven, maar het kan ook al kort ervoor. De aandoening wordt kalfziekte of melkziekte genoemd. Eerst kan zo'n dier moeilijk opstaan en het loopt wankelend. Soms komt zo'n koe ongelukkig ten val en kan ze ernstig beschadigd raken. Zonder behandeling volgt na enkele uren een totale verlamming. Als daarbij ook de ademhalingsspieren en de hartspier betrokken raken, gaat de koe dood. Het totale proces duurt minder dan een etmaal. Rond het kalven houdt een boer zijn koeien daarom extra in de gaten. Als een kalfkoe anders gaat lopen, is dat al reden voor alarm.

Kalk

Koeienmelk bevat veel kalk. Dus een koe die veel melk geeft, verliest veel kalk uit haar lichaam. Dat moet ze met de voeding weer opnemen. Het calciumgehalte van het bloed wordt door hormonen constant gehouden. Kalk is niet alleen een bouwsteen voor de botten, het is ook nodig voor het functioneren van de spieren. Die hebben voor hun werk een bepaalde calciumconcentratie in het bloed nodig. Wordt die te laag dan raken de spieren verlamd. Dat geldt ook voor de hartspier. Die houdt het wel nog het langste vol. Maar als de bloedspiegel echt veel te laag wordt, volgt een hartstilstand. Een koe met kalfziekte is dus een spoedgeval.

Onderzoek

Het is avond, rond melktijd en ik moet naar de noordrand van de praktijk richting Maren-Kessel. De boerderijen hier in de polder zijn vrij nieuw, want tot het sluiten van de Beerse overlaat in 1932 stond hier in de winter nog overal Maaswater. De patiënt ligt in de kalverwei vlakbij de koeienstal. Vanmiddag heeft ze normaal gekalfd. Maar daarstraks liep ze niet zoals anders: een beetje onzeker. De boer verdenkt haar van kalfziekte en daarom heeft hij haar hierheen geleid voordat hij is begonnen met melken.

In het gras ligt ze zachter en kan ze gemakkelijker opstaan dan binnen op de betonnen vloer. Hij heeft haar een dek opgebonden en daarna is hij gaan melken. De melkmachine en de koeling van de melktank draaien op volle toeren als ik aankom. Dat maakt een flink lawaai, zelfs tot op deze afstand. De koe ligt half op haar zij in het gras. Ze is niet gemolken, maar desondanks is de uier slap. Achter de koe ligt de nageboorte. Onder het dek voelt ze koud aan en de thermometer wijst inderdaad op ondertemperatuur. Het blijkt een SIP-koe te zijn en behoort dus tot het allerbeste stamboekvee in de regio. SIP staat voor Stier Inseminatie Programma. Het betekent dat de KI-vereniging graag een stierkalf van deze koe wil hebben als toekomstig vaderdier. Ze werd daarom geïnsemineerd met het sperma van een top-stier.

Behandeling

Twee dikke melkaders onder de buik doen vermoeden dat de uier tot een grote productie in staat is. Ik steek een lange infuusnaald in één van die aders. Via een slang sluit ik de fles aan met een oplossing van vooral calciumzouten. Even opletten dat er geen luchtbellen de ader instromen. De boer komt de melkput uit: “Nee, gevallen is ze niet, maar ze liep raar”. Zijn vrouw houdt intussen de fles met het infuus omhoog. De calciumzouten stromen snel het lichaam in: een halve liter in een minuut of vijf. Ik luister naar het hart. Want ook een te hoge kalkspiegel in het bloed is gevaarlijk. Als er een extra hartcontractie komt, moet de fles omlaag om de infuusstroom te vertragen. De resterende kwartliter vergt dus meer tijd, maar zo kan het hart dit verdragen. Vervolgens krijgt ze onder de huid nog een depot van een calciumoplossing: als straks de bloedspiegel weer daalt, wordt dat depot opgenomen. Morgenochtend moet die onderhuidse injectie nog eens worden herhaald. Daarvoor laat ik een flesje achter met een spuit en een paar steriele naalden.

Verklaring

Waardoor krijgt een koe met een voorraad van tientallen kilo's kalk in haar botten een te laag calciumgehalte in haar bloed? En waarom gebeurt dat rond het kalven? De melkproductie bereikt immers pas na een week of zes haar top en pas dan verliest de koe de meeste kalk uit haar lichaam.

Ik stel me dat zó voor: nadat een koe tien of elf maanden lang melk heeft geproduceerd, volgt de droogstand. Ze wordt dan gedurende een week of zes niet meer gemolken omdat ze hoogdrachtig is en de 'melk-accu' moet worden opgeladen voor de volgende lactatie. Tijdens die droogstand gaat er geen kalk uit haar lichaam verloren. Daaraan komt abrupt een eind als het kalf wordt geboren en de melkproductie op gang komt. De bijschildklieren moeten dan plotseling tien tot twintig keer meer hormoon gaan produceren om de kalk uit de botten van de koe vrij te maken en de kalkspiegel in het bloed op peil te houden. En de betere koe produceert direct al zoveel kalkrijke melk dat haar bijschildklieren daardoor 'opstart-problemen' krijgen, de calciumspiegel in het bloed daalt en de koe er letterlijk bij neervalt. Door een speciaal rantsoen tijdens de droogstand en met aangepaste voeding rond het kalven is die overgang in de hormoonproductie wel op te vangen en daling van de calciumspiegel goeddeels te voorkomen.

Herstel

De behandeling van koeien met kalfziekte is dankbaar werk. Volledig verlamde dieren op de rand van een hartverlamming, staan na een infuus soms weer op in minder dan een kwartier. Vaker duurt het herstel één of twee uur, vooral als ze erg zijn afgekoeld bijvoorbeeld als ze pas 's morgens bij het melken in verlamde toestand worden aangetroffen. Maar zonder complicaties van spierverscheuringen of botbreuken, doordat ze tevoren ongelukkig zijn gevallen, is het resultaat van de behandeling vaak spectaculair: soms loopt de koe alweer te grazen als je van het erf afrijdt.

Kalfziekte

in een kwartier van bijna dood tot springlevend

12. Scherp-in *(een koe die niet vreet)*

Koeien zijn herkauwers. Ze slikken hun voer snel door en gaan het pas later kauwen. Ze rispen het dan weer op uit de pens. Maar door de haast waarmee ze eerst alles naar binnen schrokken, slikken ze ook vreemde dingen door die toevallig in het voer zitten: steentjes of stukjes ijzerdraad en krammen waarmee de prikkeldraad werd vastgemaakt aan de weidepalen. Die zwaardere dingen worden niet met de mest uitgescheiden maar zakken in de koeienpens naar beneden. Vreemd genoeg heeft het dier daar doorgaans geen last van. Alleen als de voorwerpen scherp zijn en de penswand beschadigen of zelfs doorboren, wordt de koe ziek. Ze heeft dan 'scherp-in'.

Operatie
Een koe die plotseling stopt met vreten en kreunt; waarvan de pens stilligt en die pijnlijk reageert als je haar de rug laat strekken, heeft waarschijnlijk scherp-in. De klassieke behandeling van zo'n koe is een operatie. Bij het plaatselijk verdoofde en staande dier worden de buik en de pens geopend. Helemaal onderin, in het gedeelte dat netmaag heet, bevindt zich doorgaans het scherpe voorwerp dat moet worden verwijderd. In het boek en de film 'Doctor Vlimmen' komt bij die operatie een aardappelmesje tevoorschijn.

Magneet
Sinds de jaren zeventig wordt aan zo'n koe met scherp-in meestal een kooimagneet ingegeven. Dat is een magneet die is omgeven door een kooi van plastic spijlen. Hij is circa tien centimeter lang en wordt bij de koe achter in de bek gestopt. Ze slikt die dan moeiteloos in en de magneet zakt door zijn gewicht in de pens naar beneden en komt terecht in de netmaag waar zich de meeste vreemde voorwerpen bevinden. Kleine metalen dingen komen tussen de spijlen aan de magneet vast te zitten. Ze kunnen dan de penswand niet beschadigen. De magneet blijft verder levenslang in de netmaag van de koe zitten. Ze ondervindt daar geen merkbare hinder van.

Spijkers
Het is voor de zevende keer in korte tijd dat ik tot dezelfde diagnose kom op dit bedrijf: de koe heeft scherp-in. De boer reageert geërgerd: "Gij mint zeker dat ik mien koeie spijkers voer!" De vorige patiënten heb ik een kooimagneet ingegeven en ze zijn drie dagen met antibiotica behandeld tegen buikvliesontsteking. Maar het heeft weinig resultaat gehad: vijf van hen zijn door het veefonds overgenomen en geslacht. En nummer zes vreet nu ook al slecht en ze geeft te weinig melk. Dat kan zo niet doorgaan.

Kliniek
Ik stel voor om met deze koe naar de kliniek in Utrecht te gaan. Daar hebben ze een röntgenapparaat met zo'n groot vermogen dat het door een koeienbuik heen kan stralen. Metalen voorwerpen zijn dan goed te zien. Zo kan de diagnose met zekerheid worden gesteld. Of niet, als ik me vergist heb. Dat vindt de boer een goed plan. De zesde koe met scherp-in die hij nog heeft, wil hij dan meenemen.

Koe 1
Op de röntgenfoto's van de eerder behandelde koe (nr. 6) is de magneet goed te zien. En daaraan zitten diverse kleine metaaldeeltjes. Bovendien zit in de buik, tussen de penswand en het middenrif, een abces. De Utrechtse internisten denken dat dit veroorzaakt moet zijn door een scherp voorwerp dat de penswand heeft doorboord. Maar dat voorwerp zelf is niet te zien. De koe is in slechte conditie en wordt geëuthanaseerd voor de sectie. Het scherpe voorwerp dat op de foto niet was te zien, zal daarbij wel voor de dag komen. Bij de sectie wordt de magneet in de netmaag aangetroffen. Daaraan zit wat kleine rommel van metaal. En vooraan in de buikholte bevindt zich inderdaad een abces zo groot als een tennisbal. Maar daarbij wordt géén scherp voorwerp gevonden, hoe grondig er ook wordt gezocht.

Koe 2
Bij de laatste, nog onbehandelde koe, is op de röntgenfoto's vaag iets te zien dat op een lang, dun draadstuk lijkt. Het steekt door de penswand heen. Maar zekerheid is er niet: het voorwerp is daarvoor te dun en het beeld te onscherp. De conclusie van het onderzoek luidt: 'Buikvliesontsteking; mogelijk ten gevolge van een perforerend lang voorwerp vanuit de netmaag.' Een operatie is te riskant door de aanwezige buikvliesontsteking. Deze koe is nog in redelijke conditie en ze wordt door het fonds overgenomen om door de eigen slager in Brabant te worden geslacht. Mijn eerdere diagnoses blijven dus twijfelachtig, want ze werden niet overtuigend bevestigd.

Slachthuis
De boer en ik gaan samen naar Maren-Kessel waar het dier zal worden geslacht. Misschien kan dit raadsel toch nog worden opgelost? De koe wordt 'bedwelmd' met een schietmasker en na de hals-snede bloedt ze leeg. Dan wordt de huid verwijderd en de buik geopend: vier nieuwsgierigen buigen zich voorover; want ook de slager en de keurmeester weten dat hier iets bijzonders aan de hand is. De slager trekt de pens naar achteren om hem los te snijden. En dan wordt daarvóór een dunne ijzerdraad zichtbaar. De keurmeester stroopt zijn mouw op en voelt in het karkas. Voorzichtig trekt hij aan de draad en brengt hem, beetje bij beetje, door de penswand heen en via de buik, naar buiten. De draad is heel dun en wel dertig centimeter lang. Dan valt bij de boer luidruchtig het kwartje "Verdomme! de voerborstel!"

Voerborstel
Op het voerpad in het midden van de koeienstal worden de voerresten naar de koeien toe geveegd met een grote, ronde borstel achter de tractor. Door slijtage laten op den duur de borstelharen los en die komen in het voer van de koeien terecht. Destijds waren die borstelharen van dun staaldraad. Zelfs die lange draadstukken slikten de koeien blijkbaar door als ze in het voer terechtkwamen.

Een kooimagneet pakt zo'n draadstuk wel, maar is te kort om het lange ding onschadelijk te maken: één van de vrije einden kan alsnog door de penswand heen prikken. Het dunne ijzerdraad gaat vervolgens snel roesten. Daardoor vind je het na een paar weken niet meer terug. Tegenwoordig hebben voerborstels haren van kunststof. Die veroorzaken in de koeienpens geen merkbare problemen.

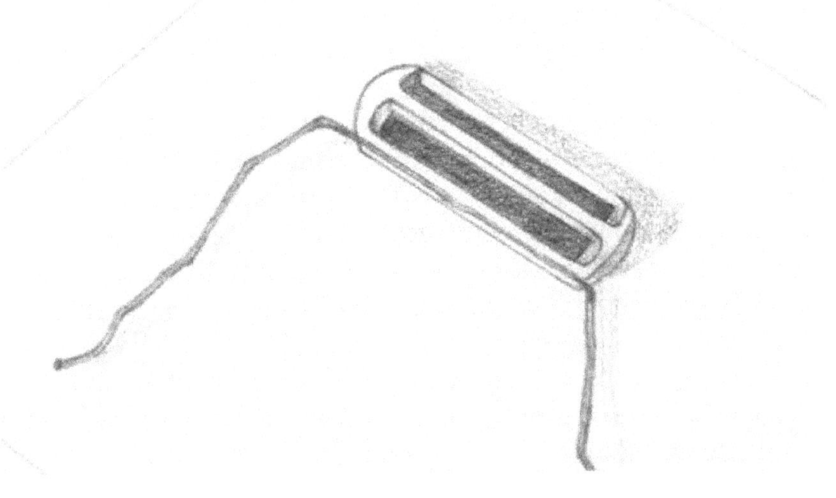

kooimagneet met een lang stuk ijzerdraad

13. Lebmaagverplaatsing *(een koe die niet vreet)*

Leb is het middel om melk te stremmen. Bij kalveren vindt die stremming plaats in de vierde en laatste maag, die daarom lebmaag wordt genoemd. Die bevindt zich bij het volwassen rund op de bodem van de buik ter plaatse van de navel. Bij het staande dier is dat het laagste punt tussen de vier poten, als je de uier niet meerekent. Aan de voorkant komt het voedsel de lebmaag in vanuit de boekmaag; aan de achterkant gaat het verder de darm in. De ingang vanuit de boekmaag en de uitgang naar de darm zitten vast op halve buikhoogte. Maar het middendeel ligt los op de buikbodem.

Gasvorming

Bij de voor-vertering van het voedsel in de pens, dat is de eerste maag, komt veel gas vrij. Voor een deel wordt dat opgeboerd, deels wordt het naar achteren afgevoerd via de lebmaag naar de darm. Door de koe teveel krachtvoer te geven, kan de lebmaag dat gas niet vlug genoeg doorvoeren en vormt zich een gasbel. En zoals iedere gasbel wil die omhoog. Als de pens dan niet stevig genoeg gevuld is met ruwvoer en de weg naar boven verspert, kruipt de lebmaag-met-gasbel naar boven. Meestal gebeurt dat aan de linker kant tussen de pens en de buikwand. Daarbij draait de lebmaag dan om zijn lengteas en wordt de onderkant het hoogste punt. Bij de ingang vanuit de boekmaag en bij de uitgang naar de darm, de plaatsen die vastzitten, ontstaat dan een knik. Daardoor kan het gas niet meer weg: het zit in het middendeel opgesloten als in een ballon. En de kracht van zo'n ballon met gas is groot: probeer maar eens om de luchtballon van een kind aan het touwtje onder water te trekken.

Operatie of rollen

Er zijn twee methoden om een naar boven verplaatste lebmaag weer op zijn normale plaats onder in de buik te krijgen: via een operatie bij het staande dier of na neerleggen en op de rug rollen van de koe. Tijdens de operatie bij het staande dier wordt de buik in de linker flank geopend en wordt de lebmaag krachtig omlaag geduwd.

Zodra de knik aan de voor- en achterkant zich herstelt, stroomt het gas uit de lebmaag weg: deels via de boekmaag terug naar de pens en deels naar achteren de darm in. Het middendeel van de lebmaag wordt vervolgens onder aan de buikbodem vastgezet met een grote hechting. Je steekt die van binnen naar buiten naast de navel.
Bij de tweede techniek wordt de koe neergelegd en op haar rug gerold. De gasbel in de lebmaag wil dan weer naar het hoogste punt in de buik en doordat de koe op haar rug ligt, is dat dan de navel. Dus precies de plek waar de lebmaag zich ook hoort te bevinden. Je steekt dan weer naast de navel, maar nu van buitenaf, dwars door de buikwand in de lebmaag en hecht hem daar vast. Het resultaat van beide ingrepen is dus hetzelfde: zowel na de operatie bij het staande dier als na het rollen en steken bij de liggende koe zit de lebmaag met een hechting vast aan de buikbodem naast de navel.

Wat is beter?
Van beide technieken werden zeer uiteenlopende resultaten gemeld. Daarom hebben we ze in de eigen praktijk vergeleken. We hebben tien koeien staande geopereerd en tien andere gerold. De nabehandeling was in zoverre gelijk dat de dieren gedurende tien dagen daarna geen krachtvoer kregen. Het ruwvoer was niet op elke boerderij hetzelfde: de praktijk is nu eenmaal geen onderzoeksinstituut. Vervolgens werd de krachtvoergift geleidelijk opgevoerd naar het volledige rantsoen. Het duurt naar schatting drie weken tot de lebmaag stevig zit vastgegroeid aan de buikbodem. Een paar maanden na de ingreep waren nog zeventien van de twintig koeien op de bedrijven aanwezig: drie dieren uit de groep die was gerold, waren afgevoerd vanwege complicaties die een buikvliesontsteking deden vermoeden. De overgebleven koeien deden het goed: ze produceerden een normale hoeveelheid melk die niet onderdeed voor de andere dieren op hetzelfde bedrijf. Het rollen ging sneller en gemakkelijker, maar de staande operatie was dus beter.

Terugval

Maar jaren later ging het slecht met onze lebmaagkoeien: de helft van de behandelde dieren werd na verloop van korte tijd afgevoerd. Dat bleek uit de administratie van het veefonds. Hoe kwam dat? Intussen was de melkproductie op de bedrijven geweldig gestegen. De koeien kregen niet langer voornamelijk gras maar veel gehakselde mais en twee- tot driemaal zoveel krachtvoer. Het aantal lebmaagverplaatsingen was ook enorm toegenomen. Niet verwonderlijk want krachtvoergift en lebmaagverplaatsing vertonen een sterke correlatie: hoe groter de krachtvoergift hoe meer kans op een lebmaagverplaatsing. Maar waardoor kregen de koeien, die nog altijd op dezelfde manier werden behandeld, nu zoveel meer problemen?

1984: 15 liter melk per dag

2004: 50 liter melk per dag

Krachtvoer

Na de ingreep zit de lebmaag vastgehecht aan de buikbodem. Maar een stevige vergroeiing ter plaatse vergt naar schatting drie weken. Tot die tijd moet de vorming van een nieuwe gasbel in de lebmaag vermeden worden. De hechtdraad weerstaat die trekkracht wel, maar de wand van de lebmaag niet: die scheurt uit en verplaatst zich dan opnieuw naar boven. Daarom mag de eerste dagen na de ingreep geen krachtvoer worden gegeven en moet de krachtvoergift vervolgens heel geleidelijk worden opgevoerd. En daar ging het fout, zo bleek bij de controle van de behandelde koeien: ze kregen al kort na de ingreep een flinke hoeveelheid krachtvoer. Want veel boeren zijn bang dat een koe die in het begin van de lactatie niet volop wordt gevoerd, zal achterblijven in de melkproductie.

Onvoldoende melkproductie

Er wordt een visite gevraagd voor twee koeien op hetzelfde bedrijf. Ze blijven achter in de melkproductie terwijl ze pas enkele dagen geleden hebben gekalfd. Dat kan de meest uiteenlopende oorzaken hebben en het vereist daarom een volledig onderzoek. Deze dieren hebben beide een lebmaagverplaatsing. Ik heb ze nog dezelfde dag staande geopereerd. De volgende dag doen ze het allebei goed. Maar de tweede dag is er één niet in orde. Bij onderzoek blijkt de lebmaag opnieuw te zijn verplaatst. En jawel hoor: ondanks duidelijke instructie kregen ze volop krachtvoer. "Anders kunnen ze geen melk geven en daar heb ik ze voor" is het commentaar van de boer. Dat die mindere melkproductie maar tijdelijk is en na enkele weken helemaal zal herstellen, wil er bij hem niet in. De ene koe is geslacht, de andere heeft het gered ondanks het krachtvoer.

Het veranderen van voergewoonten is bij veehouders een erg gevoelig punt: het gaat om hun vakmanschap als boer en dat raakt hen in hun eer. Een boerengezegde luidt: "Eigenwijs is ook wijs". Maar in dit geval was het toch jammer van de koe.

14. Drieling

Een drieling komt bij enkele schapenrassen regelmatig voor. Dat kan wel eens moeilijkheden geven omdat een ooi maar twee spenen heeft. Maar een drieling kan ook bij de geboorte problemen veroorzaken.

Swifter
Een swifter is een kruising tussen een vlaming en een texelaar. Dat is geen Belgenmop maar de uitkomst van wetenschappelijk onderzoek. Die kruising is bedacht door de instelling die toen nog Landbouwhogeschool Wageningen heette (nu Wageningen Universiteit) en ze is zo gewild om haar vruchtbaarheid: drielingen komen vaak voor en dat vergroot de opbrengst voor de schapenhouder. Want het gaat in de schapenhouderij al lang niet meer om de wol maar om het vlees.

swifter ooi met twee lammeren

Verlossing

Het is maart. In een apart hokje staat de ooi waarvoor werd gebeld: een oudere swifter. Een emmer water en een handdoek worden al gehaald. Ik stroop m'n mouwen hoog op, spoel de achterkant van de ooi goed schoon en was m'n handen. Dan wrijf ik glijmiddel op m'n arm. In de schede zitten drie pootjes en een kop: welke twee pootjes horen bij de kop? Dat is vlug gevonden en vervolgens wordt het lam vlot geboren. En nummer twee, de eigenaar van het derde pootje, komt daar snel achteraan. Ik steek m'n hand nog eens in de baarmoeder maar voel daar geen lammeren meer. Vlug handen wassen, mouwen omlaag en m'n jas weer aan. Want het is koud en de pieper is gegaan voor een volgende verlossing. Het is lammertijd.
De volgende morgen belt de eigenaar van de swifter dat hij in het hok nog een derde lam heeft gevonden. Dood. Dat wordt me niet in dank afgenomen. Maar ik had toch nog nagevoeld? Hoe dan ook: het nare feit ligt er, in de vorm van een dood lam.

Pak stro

Bij oudere ooien die al meerdere keren hebben gelamd kun je een lam 'over het hoofd voelen'. Je weet pas zeker dat de baarmoeder leeg is als je de bodem ervan hebt bereikt. Daarvoor moet de buik van het schaap omhoog worden geduwd terwijl je diep in de baarmoeder voelt. Dat is niet eenvoudig in je eentje uit te voeren. Sindsdien heb ik daarom bij elke schapenverlossing de ooi dwars over een pak stro (of hooi) heen gezet. Met de buik op het stro. De buik wordt dan vanzelf omhooggeduwd. Ik heb nooit meer een lam laten zitten.

15. Maden *(myiasis)*

Drents heideschaap (ram)

Maden zijn vliegenlarven. De maden van de blauwgroene vlieg voeden zich met kadavers of vers vlees. Maar niet alleen daarin zetten deze vliegen hun eitjes af: ze leggen die ook in de wol bij schapen. Na een paar dagen komen de eitjes uit en de maden dringen dan door de huid van de dieren het lichaam binnen. Ze voeden zich daar met het vlees van het schaap.

Blauwgroene vlieg
Onder Nederlandse klimaatomstandigheden ontpoppen deze vliegen zich vroeg in het voorjaar en ze vliegen tot eind oktober. Ze leggen hun eitjes in rottende vleesresten en in schapenwol, vooral waar die met mest is bevuild: op en rond de staart en in de wol aan de billen. Zolang het schaap maar harde keutels produceert, blijft de wol daar schoon en is de kans op het krijgen van maden klein.

Maar door mals gras en darmparasieten (wormen en coccidiën) kan diarree ontstaan. Die koekt vast aan de staart en de wol daaromheen. In het voorjaar is de kans op dunne mest groot: het nieuwe, malse gras begint dan te groeien en in het maagdarmkanaal van de schapen worden massa's wormen actief. En juist dan komen de blauwgroene vliegen in actie.

Bestrijding

Maden op en onder de huid van het schaap veroorzaken jeuk en pijn. Als een dier met honderden maden besmet raakt en er niet bijtijds wordt ingegrepen, heeft dat de dood van het schaap tot gevolg. Effectieve bestrijdingsmiddelen die je op de rug en de staart van een aangetast schaap giet of spuit, doden de maden in enkele minuten. Maar in Nederland was de toepassing jarenlang verboden omdat deze middelen schadelijk zijn voor het milieu: vissen gaan dood door zeer geringe concentraties in het water. Het gevolg van dat gebruiksverbod was dat koeien, varkens en schapen die (soms letterlijk) stierven van de jeuk door luizen, maden of schurft niet behoorlijk behandeld konden worden. Maar sinds in 2006 en 2007 de invasie van knutten een uitbraak veroorzaakte van blauwtongziekte onder schapen en koeien zijn enkele van deze insecticiden weer voor gebruik in de veehouderij toegelaten onder strikte voorwaarden.

Voorkómen

Om een besmetting met maden bij schapen te voorkomen moet je ervoor zorgen dat de vliegen geen eitjes afzetten in de wol. Een eenvoudige maatregel daarvoor is om de schapen te scheren, want de vliegen zetten hun eitjes niet af op de kale huid. Als de wol dan weer aangroeit, moet die schoon blijven. De schapen dienen dus harde keutels te produceren. Daarom moet een zware besmetting met maagdarmwormen worden voorkómen. Om niet teveel infectieuze larven van ingewandswormen op het weidegras te krijgen, moet je de schapen 'strategisch' behandelen: op het juiste moment, met een effectief wormmiddel en elk schaap gedoseerd naar zijn gewicht. En de dieren mogen niet te lang op dezelfde wei blijven grazen: na een bepaalde tijd moeten ze worden verweid naar een schoon perceel, waar het gras weinig is besmet met maagdarmwormen.

Weilandbeheer

Maar hoe kom je aan een weinig besmet weiland? Door maaien van het gras vermindert de wormbesmetting. Je kunt de wei ook laten begrazen door paarden: die vreten met het gras de worm-larven op die voor schapen besmettelijk zijn zonder dat ze daarvan zelf last ondervinden. En omgekeerd gebeurt hetzelfde: schapen verteren met het gras de wormlarven van paarden zonder daar zelf last van te hebben. Dus afwisselende beweiding door paarden en schapen vermindert de besmetting van het gras. Daarvoor heb je wel vrij grote weidepercelen nodig en niet teveel paarden en schapen. Mijn weiland van anderhalve hectare heb ik verdeeld in drie aparte percelen. Op één daarvan lopen een rijpaard en een pony, op een ander grazen acht Drentse heideschapen. Het derde perceel blijft leeg. Als de laatste ooi heeft gelamd, worden de schapen ontwormd en laat ik ze scheren. Meestal in april. Dan is het ook tijd om ze te verweiden. De paarden gaan dan naar het lege perceel en de schapen komen op de wei van de paarden. Begin juli schuiven ze voor de tweede keer door en eind september nog eens.

Voorjaar

In 2006 is het een warm voorjaar en moet ik drie weken wachten voordat m'n schapen geschoren worden. Daardoor worden ook het ontwormen en het verweiden uitgesteld. Als de scheerder komt, schijten de dieren al geen harde keutels meer maar dikke drollen. Eén ooi heeft mestklonten aan de staart. En jawel hoor: daar wriemelen grauwwitte maden. De staart is dik en ontstoken. Gelukkig doodt een injectie met ivermectine niet alleen darmwormen maar ook maden die door de huid in het schapenlichaam zijn binnengedrongen.

Daarmee behandel ik nu alle ooien. De maden die nog in de wol van het schaap zitten, worden met het scheren van de vacht verwijderd. Bij de andere schapen zijn geen maden te vinden. Ze komen nu op de (voor hen schone) paardenwei. Daarna is de aangetaste ooi voorspoedig genezen en er hebben zich geen nieuwe infecties met maden meer voorgedaan.

Drentse heideschapen (ooien)

16. Leverbot *(distomatose)*

Heilbot en tarbot zullen vooral visliefhebbers wel kennen; maar wie kent de leverbot? Dat is geen vis maar een worm met de vorm van een platvis. Een leverbot wordt maar drie centimeter lang en hij leeft in de galgangen van de lever. Vandaar de naam.

Waterkers

Leverbotinfecties vormen een serieus gezondheidsprobleem voor schapen en runderen. Die infecteren zich door het vreten van gras dat met larfjes van deze parasiet is besmet. Ook bij mensen komen leverbotinfecties voor. In Nederland zijn ze in het ziekenhuis wel eens aangetroffen tijdens buikoperaties. In België gaat het om tientallen gevallen; in Frankrijk om vele honderden. Bij mensen is het eten van wilde waterkers de belangrijkste bron van besmetting met leverbot. Wilde waterkers groeit rond waterpoelen en langs slootkanten. Het is een populaire groente in Frankrijk.

Poelslak

Bij die besmetting met leverbot speelt een tussengastheer een belangrijke rol. Dat is de kleine poelslak. Die komt voor in waterpoelen en sloten. De slakjes raken met leverbot besmet door de mest van schapen of rundvee. In de slakken maken de leverbotjes een bepaalde ontwikkeling door en wat later komen uit de poelslak dan infectieuze larfjes vrij die zich hechten aan het gras op de waterkant en aan de wilde waterkers als die daar groeit. Je ziet die larfjes niet, want ze zijn maar een kwart millimeter klein. En met wassen van de waterkers raak je ze niet kwijt. De leverbotinfectie geeft bij mensen geen specifieke klachten maar wel een gestoorde leverfunctie.

Schade

Bij het vee kan besmetting met leverbot ernstige ziekte veroorzaken. In het beruchte leverbotjaar 1968 stierf op sommige bedrijven 80% van de schapen aan de infectie. Na natte zomers zoals in 2007 komen massale besmettingen voor. De Werkgroep Leverbotprognose brengt elk najaar een prognose uit over de ernst van te verwachten problemen. Runderen en schapen die op natte weidepercelen hebben gelopen, kunnen dan bijtijds worden behandeld. Om infecties van dieren en mensen te voorkomen, zou je de poelslak moeten bestrijden. Maar een doeltreffend middel daartegen is er niet. Je zou poelen en sloten daarvoor moeten droogleggen.

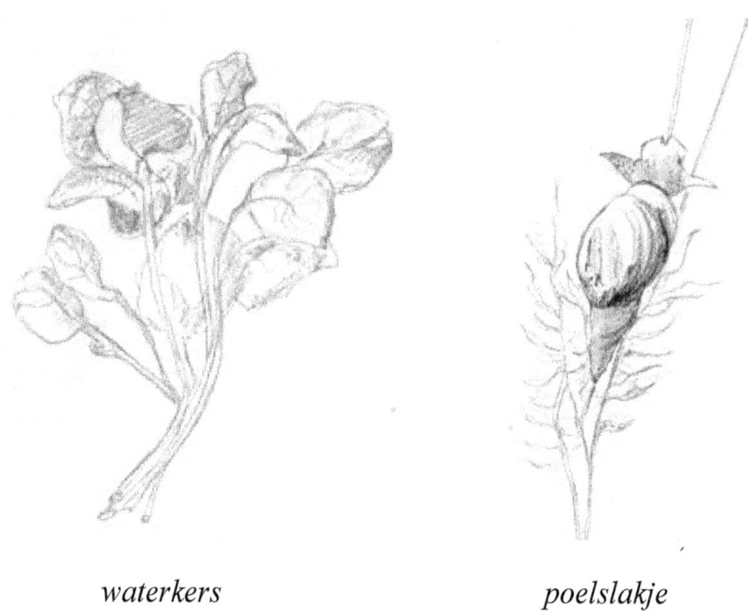

waterkers *poelslakje*

Symptomen
Op een bedrijf in de omgeving van Utrecht daalt de melkproductie van de koeien terwijl het jongvee en vooral de schapen vermageren. De hulp van de dierenarts wordt ingeroepen. De dieren hebben gele slijmvliezen en bloedarmoede. Als enkele schapen en een pink sterven, wordt sectie verricht op de faculteit voor diergeneeskunde. De doodsoorzaak is een ernstige besmetting met leverbot. Daarop worden de schapen, het jongvee en de droogstaande koeien behandeld.

fierljeppen

Bij de melkkoeien kan dat niet omdat het middel in de melk wordt uitgescheiden. Zij komen daarom pas later aan de beurt tijdens hun droogstand.

Veldonderzoek

Professor Swierstra is bereid om zelf op het bedrijf polshoogte te gaan nemen en een plan van aanpak op te stellen. Hij is parasitoloog en voorzitter van de Werkgroep Leverbotprognose. Als wat later de eigen veearts aan de boer vraagt hoe het is gegaan met het onderzoek zegt de boer dat de professor nog niet is geweest. Dat is vreemd. Ja, twee weken geleden is er wel iemand gekomen die langs de slootkanten slakjes heeft verzameld, maar dat was niet de professor.
Want wat was er gebeurd?

Fierljeppen

De man die de slakjes had verzameld was bij zijn rondgang door de polder met behulp van een polsstok over de sloten gesprongen. Maar bij een bredere vaart bleek de stok te kort of zijn aanloop te traag en was hij in het water gevallen. Drijfnat en onder het kroos was hij de keuken van de boerderij binnengekomen. Daar had hij zich uitgekleed tot z'n onderbroek en de boerin had zijn kleren bij de kachel gedroogd. Intussen hadden ze samen aan de keukentafel koffie gedronken. Een bijzonder vriendelijke man, jazeker. Maar de professor kon dit onmogelijk zijn geweest. Stel je voor: een professor in z'n onderbroek aan de keukentafel!

Status

Professor Swierstra (want die was het toch geweest) had geen boodschap aan academische status en standsverschil. Hij was altijd zichzelf en in dit opzicht zijn tijd ver vooruit.

17. Ringschimmel *(trichofytie)*

Ringschimmel (trichofytie) is een schimmelinfectie van de huid met min of meer ronde plekken. Dieren in een koppel besmetten elkaar, maar de infectie kan ook overgaan van dieren op mensen. De mens krijgt dan jeuk, maar rundvee heeft daar geen last van.

vrouw met trichofytie *pink met ringschimmel*

Jongvee

Na het drachtigheidsonderzoek van de koeien gaan we naar de jongveestal. De pinken moeten daar tegen griep worden gevaccineerd. Ze staan met de koppen vast in het voerhek. Enkele dieren hebben schilferige, kale kringen rond de ogen. Op de hals zitten asbest-achtige plekken. “Ze hebben ringschimmel Driek. Pas op dat je het zelf niet krijgt, of je kinderen.” Driek neemt het niet te ernstig: zijn dochters komen zelden in de stal en wat hemzelf betreft, zal het wel loslopen. Intussen staat hij wat te krabben bij z’n polshorloge. Maar hij krabt zich wel eens vaker hier en daar. We vaccineren de pinken en daarna worden bij de jongste kalveren de hoornpitten weggebrand; onder verdoving uiteraard. Dan is het tijd voor koffie. De bedrijfsoverall en laarzen laat ik in het melklokaal achter. Uit de auto pak ik de map met verslagen en een fles met betadine. Dat doodt niet alleen bacterien maar ook schimmels, als het even de tijd krijgt om in te werken. In de bijkeuken wassen we onze handen en ik smeer ze in met het ontsmettingsmiddel. De fles laat ik achter voor Driek. In de keuken kijken we de bedrijfsresultaten door van de voorbije weken.

Ziekenhuis

Als ik zes weken later terugkom voor de volgende bedrijfsbegeleiding zijn er in het gezin problemen geweest. Z'n vrouw heeft een week in het ziekenhuis gelegen nadat ze was opgenomen met uitslag over haar hele lichaam en hoge koorts. Het was begonnen met een paar jeukende plekken aan haar hals en op enkele delicate lichaamsdelen. De huisarts had een desinfectiemiddel voorgeschreven. Dat had ze in het badwater gedaan en zich grondig van boven tot onder geborsteld. Maar daarna had de trichofytie (ringschimmel) zich uitgebreid over haar hele lichaam. Door een bijkomende infectie met stafylokokken was ze vervolgens doodziek geworden en met spoed in het ziekenhuis opgenomen.

Contactinfectie

Driek had na zijn werk op stal wel steeds zijn handen gewassen maar de fles met betadine had hij niet gebruikt. En door alleen te wassen, krijg je een ringschimmelinfectie niet weg. Zijn liefhebbende handen hadden vervolgens zijn vrouw besmet. En zo was deze infectie in feite het kwalijke gevolg van een goed huwelijk.

18. Difterie *(kroep)*

Bij kalveren komt een ontsteking voor in de bek, de keel en het strottenhoofd die difterie wordt genoemd. Kinderen kregen vroeger een soortgelijke ontsteking maar door de vaccinatie van zuigelingen met DKTP komt difterie bij kinderen bijna niet meer voor. De difteriebacil van het kalf is trouwens een andere dan die van het kind: besmetting van kalf naar kind is niet mogelijk.

Benauwd
Een kalf van enkele weken of een paar maanden oud dat met de tong uit de bek staat te speekselen en niet meer wil drinken, is verdacht van difterie. Het dier heeft koorts en in de bek en de keel zijn plekken te zien met grauwkleurig, afstervend slijmvlies dat in vellen loslaat. Als die ontsteking in het strottenhoofd zit, kan in korte tijd ernstige benauwdheid ontstaan en kan het kalf stikken. De difterie-bacil is gevoelig voor penicilline. Maar toch worden niet alle bacillen door het antibioticum gedood omdat in afstervend weefsel de doorbloeding stagneert. Vooral in het strottenhoofd kan de infectie hardnekkig zijn. Je dient er bij de behandeling allereerst voor te zorgen dat het kalf niet stikt voordat de penicilline zijn werk kan doen.

Tracheotubus
Bij verstikkingsgevaar moet in de luchtpijp een buisje worden aangebracht onder het strottenhoofd. Daardoor kan het kalf dan ademhalen en intussen krijgt de penicilline de tijd om zijn genezende werk te doen. Zo'n tracheotubus heeft de omvang en de lengte van een pink, met een bocht van bijna 90 graden en met twee ogen om het met een bandje rond de hals vast te knopen. Er zit een tweede buisje in dat eruit kan worden gehaald en schoongemaakt.

Spoedgeval
Een dikbilkalf is ernstig benauwd. Gisteravond snurkte het al bij het drinken uit de melkemmer. Maar nu dreigt het te stikken.

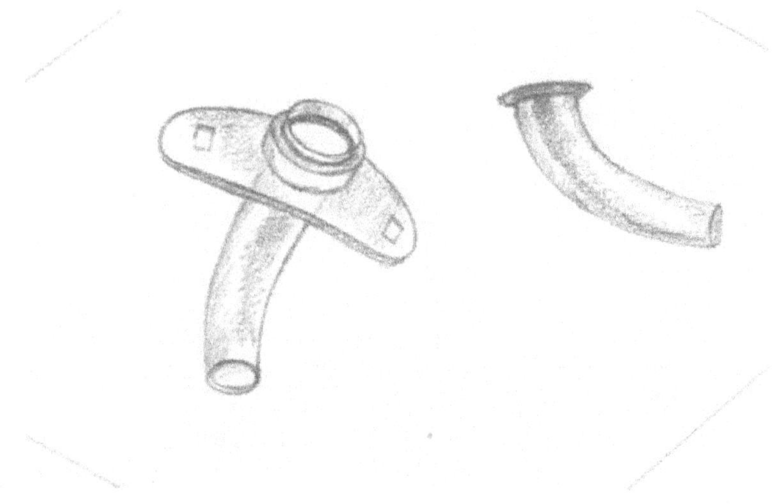

tracheotubus met verwisselbare binnen-buis

Onderweg word ik ervoor opgeroepen. Ik keer de auto en geef gas. Het stiertje staat met gestrekte hals te rukken om lucht binnen te halen. Het gierende geluid geeft aan dat de keel nagenoeg dichtzit. Zijn oogbol is blauw van benauwdheid. Ik spuit vlug wat verdovingsmiddel onder de huid aan de hals, krab wat haren weg en spuit betadine op de huid. Dan wordt het kalf op z'n zij gelegd. Dat maakt hem nog benauwder; hij spartelt wild tegen en vecht voor zijn leven. "Goed vasthouden die kop!"

Ingreep

Ik maak een huidsnee aan de onderkant van de hals en met het scalpel snijd ik de luchtpijp open. Dan steek ik het heft van het mes tussen de kraakbeenringen. Zo ontstaat een opening en zijn adem giert daardoor in en uit. Dan loopt er wat bloed in de luchtpijp en hij hoest. Een rode nevel blaast in m'n gezicht. Met één hand houd ik het scalpel op zijn plaats en met de andere pak ik de tracheotubus. Die moet door de opening tussen de kraakbeenringen naar binnen worden geschoven. Maar naast het handvat van het mes is weinig ruimte. En als ik het scalpel weghaal, klapt meteen de spleet in de luchtpijp dicht. Het kalf hoest weer en bloed sproeit uit de wond. Maar de derde poging is raak: het buisje zit op z'n plek. Ik leg een zwachtel rond de hals en knoop die aan beide kanten vast aan de tracheotubus. Klaar! M'n gezicht ziet rood van het bloed. Dat was maar net op tijd!

Nabehandeling
Het kalf wordt overeind gezet en hijgt heftig na. Door het pijpje in z'n hals stroomt volop lucht. Ik wijs de boer hoe je het binnen-buisje eruit haalt om het schoon te maken. Dat moet elke dag gebeuren om verstoppen met slijm te voorkomen. Het kalf krijgt een injectie met penicilline. Voor de nabehandeling gedurende een week geef ik een vol flesje aan de boer. Het kalf wordt apart gezet en krijgt een eigen melkemmer. Want in zijn speeksel zitten difteriebacillen en die breng je met de drinkemmer over naar de andere kalveren. Over een week of vier als ik toch hier moet zijn voor de bedrijfsbegeleiding, haal ik het buisje er wel uit. De opening zal daarna vanzelf dichtgaan.

Afloop
Na vier weken is het kalf flink gegroeid. Het speelt door het hok en ademt rustig. Alleen de band om zijn nek herinnert nog aan zijn benauwde avontuur. Ik knip de band door en trek het buisje uit de luchtpijp. Maar na een week begint het snurken opnieuw. De opening aan de hals is dichtgegaan, maar het strottenhoofd was niet genezen. De tracheotubus moet opnieuw worden ingebracht. Als ik voor de nabehandeling een flesje penicilline aanreik, blijkt dat er nog een half flesje over is van de vorige keer. Toen was er al na drie injecties niks meer aan het kalf te zien. En waarom zou je dan nog meer spuiten? Boeren zuinigheid is wel goed maar niet altijd goedkoop.

19. Mond- en klauwzeer *(non-vaccinatiebeleid)*

In februari 2001 brak in Engeland mond- en klauwzeer (MKZ) uit. Bij de bestrijding werd zoveel vee gedood dat de destructors al die kadavers niet konden verwerken: van de circa zeven miljoen afgemaakte dieren zijn er toen 345.000 in de openlucht verbrand. De infectie bleef zich lange tijd uitbreiden; ook naar Nederland. Hier werden dat voorjaar in totaal 26 gevallen van MKZ vastgesteld en zijn 260.000 dieren afgemaakt d.w.z. voor elk aangetast dier 10.000 gezonde dieren.

Symptomen

Zo'n massale diervernietiging is bijna onwerkelijk in landen waar wetten bestaan voor de bescherming van het welzijn van elk dier. MKZ is geen ernstige ziekte: aangetaste koeien herstellen spontaan in twee of drie weken. En het virus is niet besmettelijk voor de mens. Tot in de jaren 1950 kwamen MKZ-uitbraken vaak voor. Oude boeren weten dat nog. Aangetaste dieren kregen blaren in de bek en kwijlden. En ze bleven veel liggen omdat ze ook rond de klauwen blaren kregen: de ziekte heet dan ook mond- en klauwzeer. Vrijwel alle vee op de boerderij raakte in het verloop van zo'n uitbraak aangetast. Dus het was zeer besmettelijk maar er vielen geen doden. Het verlies voor de boer was vooral de mindere melkproductie.

Vaccinatie

Door het toenmalige CDI (Centraal Diergeneeskundig Instituut) werd een vaccin ontwikkeld. Vanaf 1953 werd daarmee in Nederland alle rundvee elk jaar ingeënt en daarmee was MKZ onder controle. Een enkele keer kwam de ziekte nog wel voor. Het vee op het besmette bedrijf werd dan afgeslacht en de koeien op de omringende bedrijven kregen een extra inenting om de verspreiding tegen te gaan: dat was de zogenaamde ringenting. Het virus werd ingesloten en de infectie doofde uit. Deze aanpak was zo succesvol dat vanaf 1984 in Nederland helemaal geen MKZ meer voorkwam.

Non-vaccinatie

Intussen werd wel elk jaar alle rundvee ingeënt. Dat was een grote kostenpost en de export van vlees naar Japan kwam erdoor in problemen. Daarom werd naar een andere oplossing gezocht. In 1991 is toen door de Europese Unie een non-vaccinatiebeleid ingesteld: de enting tegen MKZ werd afgeschaft. In plaats daarvan zouden bij een uitbraak alle gevoelige dieren (rundvee, schapen, geiten en varkens) in een straal van twee kilometer rond een besmettingshaard worden gedood en vernietigd ('preventief geruimd') in plaats van gevaccineerd (de eerdere ringenting). Dat zou op de virusverspreiding hetzelfde effect moeten hebben terwijl het veel goedkoper was dan elk jaar alle rundvee vaccineren.

Virusverspreiding

Maar ook reeën, herten en wilde zwijnen zijn gevoelig voor MKZ en kunnen het virus verspreiden. En muizen, ratten en ander ongedierte kunnen de smetstof van het ene bedrijf naar het andere overbrengen. Het virus kan door vogels en zelfs door de wind worden meegenomen. Maar de ergste verspreiders zijn toch de veetransporten. Als zich ergens een besmettingshaard bevindt, is het virus door vrachtwagens vol vee al op ver uiteen gelegen plaatsen gebracht nog voordat de diagnose is gesteld. En in niet-gevaccineerde veestapels verspreidt het virus zich razendsnel waardoor het preventief ruimen een draconische operatie wordt. Bij de MKZ-uitbraak van 2001 in Engeland, Frankrijk en Nederland waren daarvan weerzinwekkende televisiebeelden te zien.

Nederland

In maart 2001 werd in Olst (aan de IJssel) voor het eerst sinds 1984 een geval van MKZ vastgesteld bij kalveren die uit Frankrijk waren ingevoerd. Er werden strenge maatregelen genomen: in het hele land werd het vervoer van alle levende dieren verboden. Ook het transport van dierlijke producten (vlees, melk en eieren) werd stilgelegd.

preventief ruimen

In de supermarkten en de winkels raakten de voorraden van verse producten in enkele dagen uitgeput. Maar de verspreiding van het virus bleek daardoor niet te stoppen. Tenslotte werd in het hele gebied tussen Apeldoorn, Deventer en Zwolle alle vee gedood en vernietigd. En toch raakten in Friesland nog twee bedrijven besmet. Ook in Brabant kwamen verdachte gevallen voor en werd op grote schaal vee geruimd. Maar bij nader onderzoek van de verdachte dieren uit Sprang-Capelle, Maren-Kessel, Herpen en Berghem werd uiteindelijk geen MKZ vastgesteld. Achteraf was het ruimen van de runderen, schapen, geiten en varkens daar dus niet nodig geweest.

Praktijk

Het is april 2001 en de geruchtenstroom over de vermeende gevallen van MKZ in Brabant draait op volle toeren. Op een ochtend wordt mijn auto onderweg door een boer aangehouden: “De veearts is bij ons en die mènt da we mond- en klauwzeer hebbe!” Opwinding klinkt door in zijn stem. Ik zet de auto aan de kant van de weg en steek de straat over met alleen een thermometer, plastic handschoenen en een lampje in m’n jaszak. De poort naar het erf is dicht; een bak met ontsmettingsmiddel staat erachter. Ik ga met m’n laarzen in de bak staan. In de bijkeuken ruil ik mijn stofjas en laarzen om voor bedrijfskleding. De boerin vertelt dat op de televisie koeien te zien waren met mond- en klauwzeer en dat de boer toen had gezegd: “Da’s krek as bij ons.” Daarom hebben ze de praktijk gebeld.

Stal

In een grote hal staan aan weerskanten van de voergang ongeveer honderdtwintig stieren om te worden gemest voor de slacht. Dikke buizen verdelen de dieren in kleine groepen van dezelfde leeftijd. Voor het voerhek ligt een berg gehakselde mais gemengd met krachtvoer. In het vak bij de ingang staan drie dieren van een half jaar oud, sloom, met ingevallen flanken doordat ze niet hebben gevreten; de tong uit de bek. Speeksel drupt op de roostervloer en in de mestput.

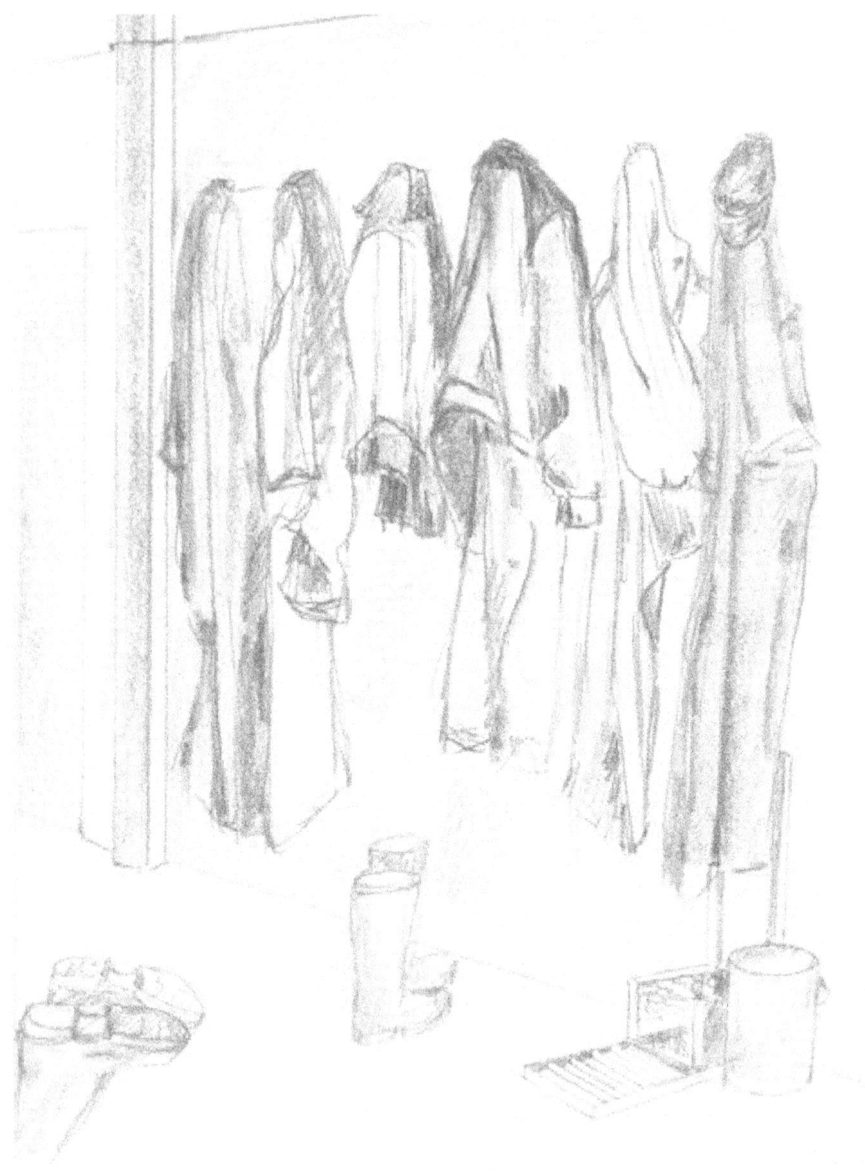

bedrijfskleding en laarzen

Alle andere stieren zien er goed uit: ze staan te vreten of liggen rustig te herkauwen. Ik doe handschoenen aan en klim over het voerhek in het eerste hok. De dieren hebben koorts, alle drie rond de 40°. Aan de neus en de lippen zijn geen afwijkingen te zien. Maar in de bek laat het slijmvlies van tong en wangen op diverse plaatsen los. Daaronder is het vuurrood. Aan hun poten is niks te zien: ze hebben geen blaren en zijn ook niet kreupel. Dit is dus mondzeer maar zonder klauwzeer.

Alarm

We besluiten toch om het speciale alarmnummer te bellen. Een half uur later arriveren twee leden van het MKZ-team gekleed in witte pakken. Ze nemen monsters uit de bek van de drie stieren en noteren hun oornummers. De buisjes worden direct naar het laboratorium in Lelystad gebracht. De specialisten beoordelen de toestand hier als ‘ernstig verdacht’ en dat heeft verstrekkende gevolgen: nog dezelfde dag moet het ruimen beginnen. Niet alleen deze honderdtwintig stieren maar alle vee in een omtrek van twee kilometer zal preventief worden geruimd; geen koe of schaap, varken of geit zal er in het dorp overblijven, ook geen hobbydieren.
Ik wijs op het ontbreken van blaren aan de klauwen van de stieren. Daarop worden de poten van de drie patiënten nog eens extra onderzocht: elke poot wordt met een lap gereinigd en met een zaklamp beschenen. Maar ook dan is er geen blaar of korstje te vinden. Toch blijft het verdict: onmiddellijk ruimen. De laboratoriumuitslag zal niet worden afgewacht.

Mucosal disease

Maar ik ben niet overtuigd, wel eigenwijs: “Volgens mij hebben deze stieren mucosal disease.” Daarop valt een stilte: aan die mogelijkheid was niet gedacht. Ook pinken met mucosal disease (slijmvliesziekte) hebben ernstig ontstoken slijmvliezen in de bek, zonder blaren aan de klauwen. Maar zulke dieren hebben bovendien diarree en daarvan is hier niks gebleken. Daarom vraag ik de boer: “Heb je bij de stieren dunne mest gezien?" Hij krabt nadenkend onder zijn pet en zegt langzaam: "Nou ge dà zo zegt, veearts: vanmerge ware ze vanachter veul smerriger as anders."

Snelle test

Daarmee redt hij niet alleen zijn eigen stieren maar alle vee in het hele dorp. Want het crisisteam begint nu te twijfelen en besluit om toch eerst de uitslag van het laboratoriumonderzoek af te wachten. Die uitslag komt al de volgende ochtend en die is *negatief*: Dus géén MKZ. En er wordt dus *niet* geruimd! Ook bij het uitgebreide onderzoek wordt in deze monsters geen MKZ-virus gevonden.
Hadden deze stieren dan mucosal disease?

jonge vleesstier

Nee, ook die veronderstelling klopte niet. Want mucosal disease verloopt in alle gevallen en in korte tijd dodelijk. En deze stieren waren na drie dagen weer helemaal beter. Hoe dat kwam?

Afloop

Toen er niet geruimd hoefde te worden, heb ik de boer drie flesjes penicilline gebracht om er de zieke stieren mee in te spuiten. Al na één injectie knapten ze aanzienlijk op en de derde dag vraten ze weer als vanouds. Bij nekrotiserende ontstekingen in de bek met koorts en bij zo'n behandelingsresultaat van (smalspectrum)penicilline past maar één diagnose en dat is: *difterie*. Want MKZ-virus en het virus dat mucosal disease veroorzaakt zijn ongevoelig voor penicilline, maar de difteriebacil is dat in hoge mate. Bij deze stieren zaten de problemen alleen in de bek (niet in het strottenhoofd) en dan is de ontsteking in korte tijd te genezen.
De overige veehouders in het dorp en de burgers met hobby-geiten of schapen hebben nooit geweten dat ze met hun dieren op die dag in april door het oog van de naald zijn gekropen.

20. Boviene Virus Diarree *(immuundeficiëntie)*

Beschadigingen van het slijmvlies in de bek en op de tong van rundvee worden niet alleen veroorzaakt door mond- en klauwzweer of difterie maar ook door mucosal disease (slijmvliesziekte). Die aandoening behoort tot een ziektecomplex dat Boviene Virale Diarree (BVD) wordt genoemd. Dat is een virusinfectie van rundvee die in Nederland uitgebreid voorkomt maar die doorgaans weinig schade veroorzaakt juist doordat een groot deel van de rundveestapel afweerstoffen heeft tegen dit virus. Maar als die afweerstoffen ontbreken, kan door een infectie met BVD-virus een immuundeficiëntie ontstaan met uiteenlopende ziektes tot gevolg en enorme bedrijfsschade.

Mucosal disease

Bij een drachtige koe of vaars die geen afweerstoffen heeft tegen het BVD-virus en die ermee besmet raakt, dringt het virus in de baarmoeder naar binnen en infecteert het ongeboren kalf. Als die infectie plaatsvindt in de eerste vier maanden van de dracht, terwijl het immuunsysteem van het embryo nog in ontwikkeling is, wordt het virus niet als lichaamsvreemd herkend en kan het ongestoord in het kalf aanwezig blijven, ook na de geboorte. Het dier blijft het BVD-virus dan levenslang uitscheiden in zijn mest en urine, in neus- en traanvocht; bij stieren zit het virus dan in het sperma en bij koeien in de melk. Zo besmetten deze zogenoemde permanente virus-uitscheiders alle rundvee waarmee ze in contact komen. Maar hun immuunsysteem functioneert niet goed: door onbekende oorzaak kunnen bij hen vroeger of later alle slijmvliezen in het maagdarmkanaal hevig ontstoken raken, van in de bek tot de anus. Er ontstaat dan een niet te stoppen diarree met de dood als gevolg. Dat is het klassieke ziektebeeld van mucosal disease. Slechts bij circa 10% van de permanente virus-uitscheiders ontstaat die fatale diarree niet en zij worden volwassen. Ze lijken gezond maar blijven wel hun leven lang virus uitscheiden. Gelukkig is het BVD-virus niet besmettelijk voor mensen.

Immuundeficiëntie
Als de infectie van het onbeschermde moederdier (zonder afweerstoffen) pas na de vierde maand van de dracht plaatsvindt (de dracht van een koe duurt negen maanden), gaat het kalf in de baarmoeder meestal dood en wordt het verworpen. Maar het BVD-virus tast niet alleen het immuunsysteem van ongeboren kalveren aan; de besmetting van onbeschermde dieren veroorzaakt bij rundvee van alle leeftijden een immuundeficiëntie. Daardoor is hun weerstand verminderd en worden ze gevoelig voor allerlei infecties. Welke ziekte dan manifest wordt, hangt af van het virus of de bacterie in hun omgeving die de grootste infectiedruk veroorzaakt. Zo zal onbeschermd jongvee dat met het BVD-virus besmet raakt vaak een luchtweginfectie krijgen (bijv. pinkengriep). Bij koeien die door het virus besmet raakten, ontstond op het ene bedrijf een golf van acute uierontstekingen door E. coli, terwijl op een ander bedrijf in korte tijd bijna de helft van het melkvee ernstig kreupel werd door tussenklauwontsteking (panaritium).* En als het immuunsysteem van de patiënt niet of onvoldoende werkt, valt het resultaat van een behandeling flink tegen.

Vergelijk het met AIDS bij mensen waar immuundeficiëntie wordt veroorzaakt door het HIV (Human Immunodeficiency Virus). Diverse infecties kunnen dan de kop opsteken die moeilijk te behandelen zijn. De veroorzaker van immuundeficiëntie bij rundvee zou dan ook beter het Bovine Immunodeficiency Virus (BIV) genoemd kunnen worden in plaats van BVD-virus.

Jongvee
Begin 1988 brak op een groot rundveebedrijf in Rosmalen ernstige longontsteking uit in de jongveestal. De zieke kalveren (van drie maanden tot een jaar oud) en pinken (van een tot twee jaar oud)

** LRM Verberne. BVD-aanpak: vaccinatie en eradicatie. Tijdschrift voor Diergeneeskunde 1 april 2000 p. 218-221*

werden behandeld met injecties doxycycline (antibioticum) en meloxicam (ontstekingsremmer) gedurende drie dagen. Toch stierven vijftien van hen. Enkele van de gestorven dieren werden naar de Gezondheidsdienst voor Dieren (GD) gebracht voor sectie. Pinkengriep werd als doodsoorzaak vastgesteld. Maar daartegen werd al jaren systematisch gevaccineerd op dit bedrijf. Op andere bedrijven waar ik hetzelfde vaccin gebruikte, waren geen entdoorbraken.
Bij zeven zieke dieren die nog niet waren behandeld, werd bloedonderzoek gedaan. Daarin werd een ontstekingsbeeld van de witte bloedcellen gevonden en een te lage zinkspiegel. Het eerste was ongetwijfeld een gevolg van de longontsteking; voor de te lage zinkspiegel was geen verklaring, noch bij de GD, noch op de kliniek voor inwendige ziekten in Utrecht. Behandeling van de zieke dieren met injecties trimethoprim sulfa (chemotherapeuticum) en flunixine (ontstekingsremmer) had ook al weinig effect: er stierven nog eens vijf kalveren. Een specialist van de GD kwam het klimaat in de jongveestal meten door middel van rookproeven. Daarmee werd tocht vastgesteld en uit de mestput kwam koude lucht omhoog. In de stal zijn toen tochtschermen aangebracht en op de roosters boven de mestput werden rubber matten gelegd. Maar ook dat had niet het gewenste resultaat. Pas in de loop van mei begonnen de kalveren op te knappen en leek de ellende eindelijk voorbij. Het overgebleven jongvee had een flinke achterstand in groei opgelopen.

Koeien

In dezelfde periode (begin '88) hadden in de koeienstal vier van de drachtige dieren hun kalf verworpen. Op negentig stuks melkvee werd dat niet als alarmerend beschouwd, want drie procent abortus per jaar gold als een gemiddelde op Nederlandse melkveebedrijven. Verder waren er bij de koeien en vaarzen geen ziekteverschijnselen en de melkproductie was normaal. Het standaard bloedonderzoek op brucellose van de dieren die hadden verworpen, was negatief. Maar in mei was het aantal abortus-gevallen verder opgelopen tot zeven.

Een oorzaak daarvoor werd niet gevonden. Daarna werd het ook in de koeienstal rustig: er kwamen geen nieuwe verwerpers meer bij.

Opnieuw ellende

Sindsdien bleef het gedurende een maand of acht rustig op het bedrijf en kon alles zich enigszins herstellen. Maar begin '89 brak in de jongveestal opnieuw een epidemie van longontsteking uit. In enkele weken gingen weer vijfentwintig kalveren dood. Deze keer was de sectie-uitslag: BVD. Eén kalf bleek drager van het virus. Het was een permanente virus-uitscheider.

boer en onderzoeker

Aanpak
Van alle circa 275 dieren op het bedrijf is vervolgens bloed getapt voor onderzoek op afweerstoffen tegen het BVD-virus. Bij alle vaarzen en koeien in de mekveestal en bij de meeste kalveren en pinken in de jongveestal werden afweerstoffen aangetoond. Zij hadden dus een infectie doorgemaakt. Van het jongvee zonder afweerstoffen werd vervolgens bloed onderzocht op de aanwezigheid van het virus. Vijftien van deze kalveren hadden het BVD-virus in hun bloed. Dat onderzoek is na drie weken herhaald om een toevallige acute infectie uit te sluiten. Ze waren toen alle vijftien opnieuw positief op het BVD-virus; zij waren dus permanente virus-uitscheiders.

Verklaring
In het begin van 1988 is een eerste infectiegolf met het BVD-virus door het hele bedrijf gegaan. In de melkveestal zijn toen drieëntwintig drachtige dieren besmet: zeven van hen die al gevorderd drachtig waren (meer dan vier maanden), hebben hun kalf verworpen. Bij de zestien die minder dan vier maanden drachtig waren, is het embryo in de baarmoeder besmet. Ongeveer zes maanden later werden die kalveren als permanente virus-uitscheiders geboren. Intussen was de eerste infectiegolf uitgewoed en was de rust op het bedrijf teruggekeerd. De hele veestapel was immuun geworden voor het BVD-virus door de aanmaak van afweerstoffen. En die afweerstoffen zijn zeer persistent, mogelijk blijven ze een koeienleven lang. Dus de zestien jonge permanente virus-uitscheiders konden aanvankelijk weinig kwaad stichten. Ook in de melkveestal hadden alle koeien en vaarzen afweerstoffen zodat het virus daar niks kon uitrichten, zelfs niet bij de drachtige dieren. Vervolgens werden er dus weer normale kalveren geboren. Maar toen die op een leeftijd van circa drie maanden naar de jongveestal werden verplaatst, hadden ze geen afweerstoffen terwijl ze daar in contact kwamen met zestien pinken die permanent BVD-virus uitscheidden. Het immuunsysteem van deze kalveren werd door die infectie deficiënt en ze werden vervolgens slachtoffer

van het pinkengriep-virus dat in de stal circuleerde. Die tweede infectiegolf met BVD-virus in de jongveestal werd vijfentwintig kalveren fataal. Intussen stierf ook een van de permanente virus-uitscheiders (het 'indicator-dier' bij de sectie).

Schade

De verzekeringsmaatschappij dekte de directe schade: zeven koeien die hadden verworpen en waren geruimd; twintig gestorven kalveren en pinken van de eerste infectiegolf en vijfentwintig kalveren van de tweede plus de zestien virusdragers. Ook de kosten van alle bloedonderzoek en de secties zijn vergoed. Dat was alles bijeen al een groot bedrag.

Maar de indirecte schade die niet onder de dekking viel, was nog groter. Door de achterstand in groei van het jongvee moesten de stieren drie maanden langer worden gemest om het slachtgewicht te bereiken. Ook de vaarzen bleven te klein en ze gaven te weinig melk; ze zijn daarom na één lactatie allemaal afgevoerd, circa veertig stuks. Door dit alles kon het melkquotum niet worden vol-gemolken. De indirecte schade is geschat op anderhalve ton.

Conclusie

In een onbeschermde veestapel (zonder afweerstoffen) kan een infectie met BVD-virus enorme schade veroorzaken.

21. Bedrijfsprobleem *(sportgeneeskunde)*

Als een koe vierenveertig liter melk per dag produceert maar haar productie daalt plotseling naar 'slechts' vijfendertig liter, wat mankeert dan zo'n koe? Ziek is ze niet, maar ze is ook niet in topconditie. En als zo'n daling van de melkproductie met circa twintig procent een aantal van de koeien overkomt, heb je een bedrijfsprobleem.

Holstein-Friesian

Tot de jaren zeventig (20e eeuw) dienden de koeien een dubbel doel: zowel de melk als hun vlees was van economisch belang. De Friese koe was daarin lange tijd wereldkampioen en werd naar alle windstreken geëxporteerd. Maar sindsdien werden aparte melk- en vleesrassen gefokt. Voor de melkproductie worden nu vooral Holstein-Friesians gebruikt. Die zijn in Amerika gefokt uit de van oorsprong Friese koeien en vandaar over de hele wereld verspreid, ook terug naar Nederland. Want ook hier worden nu op de melkveebedrijven voornamelijk Holstein-Friesians gehouden. Mede daardoor is de melkproductie per koe gestegen van ruim 5000 liter per jaar in 1984 naar circa 8000 liter gemiddeld in 2004. Maar behalve de erfelijke aanleg is vooral de voeding van het melkvee in die twintig jaar sterk verbeterd waardoor de productie met circa 60% kon toenemen.

Voeren

Tot de jaren zeventig liepen de koeien van april tot oktober dag en nacht in de wei. 's Winters werden ze op stal gezet en ze kregen dan kuilgras of hooi te vreten aangevuld met voederbieten. Nu, in de 21e eeuw, krijgt alleen het jongvee nog dag en nacht weidegang in de zomer; koeien komen niet meer buiten of maar enkele uren per dag. Want een dagproductie van veertig tot vijftig liter melk op alleen weidegras is niet mogelijk. Dat vereist een uitgekiend rantsoen. Daarvan vormen maissilage en kuilvoer de basis. Laboratorium-analyse van de mais- en de graskuil bepaalt welke producten daaraan toegevoegd moeten worden bijv. soja, aardappels of raapzaad; bierbostel, suikerbietenpulp of palmpittenschroot.

voergang met tractor

Ook een mineralenmengsel wordt toegevoegd. Dat zogenoemde ruwvoer dient dag en nacht beschikbaar te zijn voor het melkvee en het wordt tweemaal per dag ververst. De restanten worden aan het jongvee en de droogstaande koeien gevoerd. Verder krijgt elke melkkoe individueel twee of drie soorten krachtvoer via de voercomputer, afgestemd op haar dagproductie en de percentages vet en eiwit in haar melk. In de stal staan daarvoor een aantal voer-boxen die door een computer worden gestuurd. Daarin wordt elke koe herkend aan de transponder om haar nek of rond een van haar poten. Het voeren van melkvee is dus vakwerk geworden.

Melken

Op de meeste bedrijven worden de koeien twee keer per dag gemolken. Bij het gebruik van melkrobots vaker.

Want de koeien kunnen zich dan de klok rond aanbieden om gemolken te worden. Gemiddeld gebeurt dat meer dan drie keer per etmaal. Daardoor wordt de melkproductie groter. Maar anno 2000 is de prijs voor een melkrobot circa € 100.000,- en voor honderd koeien heb je twee robots nodig. Het roterende melkplatform is een alternatief. Daarbij staan achtentwintig of nog meer koeien op een ringvormig platform dat langzaam ronddraait terwijl ze gemolken worden. In de 'melkput' staat de boer met de uiers van de koeien op ooghoogte.

roterend melkplatform

De productie van elke koe wordt gemeten en als die afwijkt van haar normale hoeveelheid wordt dat gesignaleerd. De geleidbaarheid van de melk is een indicator voor uierontsteking. Die melk wordt dan afgetapt zodat ze niet in de melktank komt.

Als een koe is uitgemolken, stapt ze van het platform af en een volgende stapt er op. Het melken van de koeien is op een modern bedrijf dus een hightech bezigheid geworden die grote investeringen vergt.

Productiedaling
Een melkveehouder heeft gebeld omdat de productie van een aantal koeien al een paar dagen te laag is; de melkmachine heeft dat gesignaleerd. Verder lijken ze volkomen gezond. Wat is hier aan de hand? De meest uiteenlopende oorzaken zijn daarbij mogelijk: tijdens tochtigheid zijn de dieren onrustig en ze vreten dan te weinig. Ze kunnen ook te weinig vreten omdat het ruwvoer niet smakelijk genoeg is. Of het ruwvoer is onvoldoende gemengd waardoor ze bijv. te weinig mineralen krijgen. De toevoer van het krachtvoer naar de voerboxen stagneert als de voercomputer hapert of als een vijzel voor het transport vanuit de krachtvoersilo stuk is. Een silo kan met een verkeerde soort krachtvoer zijn bijgevuld. Het klauw-bekappen kan te lang zijn uitgesteld waardoor enkele koeien pijnlijke poten hebben, eerder gaan liggen en minder vreten aan het voerhek. Het klinkt vergezocht maar het zijn allemaal praktijkgevallen en de meeste zijn meer dan eens voorgekomen.

Een koe die niet optimaal produceert, kun je vergelijken met een topsporter die onvoldoende presteert. Bijv. een schaatser die de 10 km in 12.50 kan rijden maar die daar meer dan 15 minuten over doet. Wat mankeert zo'n man? Is hij te weinig gemotiveerd en gaat hij tot laat in de nacht stappen? Werkt hij zijn trainingsschema niet zorgvuldig af? Houdt hij zich niet aan zijn voedingspatroon? Is een van zijn schaatsijzers misschien scheef? Heeft hij de ziekte van Pfeiffer of van Lyme? De speurtocht naar de oorzaak begint met een uitgebreid medisch onderzoek. En vervolgens is een team van begeleiders nodig om zo'n man weer 'op de rails' te krijgen.

Ook het zoeken naar de oorzaak van een relatief geringe productiedaling bij koeien begint met een grondig klinisch onderzoek: longen en hart; de pens en de rest van het maagdarmkanaal, ook inwendig via de endeldarm; baarmoeder en eierstokken; de poten en het onderzoek van de uier. Bloed, melk en/of mest en urine worden nagekeken in het laboratorium van de Gezondheidsdienst voor Dieren (GD) .

onderzoek van het hart

Aanpak

Enkele van de 'boosdoeners' staan aan het voerhek. Ze zijn een half uur geleden gemolken. Op de thermometer en bij het verdere klinisch onderzoek zijn geen afwijkingen te vinden. De uiers zijn soepel maar de lymfklieren in de liezen zijn verdikt. De slotgaten aan de spenen zijn eeltig. Op mijn zwarte vierkwartieren-schaaltje trek ik uit elk kwartier een straal melk. Die ziet er normaal uit. Dan wat T-pol er bij. Dat is een 3% zeepoplossing (natriumlaurylsulfaat). Als de melk een te hoog celgetal heeft, ontstaat slijm. Hoe meer ontstekingscellen in de melk, des te slijmiger wordt het mengsel. En jawel: in de melk uit beide achterkwartieren blijkt het celgetal fors te hoog. Daarvan neem ik een monster voor bacteriologisch onderzoek. Maar waarom heeft de melkmachine dit niet gesignaleerd? Die meet de geleidbaarheid van de melk en die neemt toe als er meer zout in de melk zit. Dat gebeurt als het uierweefsel door een acute ontsteking wordt aangetast. Maar bij een chronische ontsteking of irritatie wordt geen extra zout in de melk uitgescheiden terwijl er dan wel ontstekingscellen worden geproduceerd door het uierweefsel. Dus bij een chronische uierontsteking is de geleidbaarheid van de melk niet of nauwelijks verhoogd maar het celgetal wel.

Onzichtbare uierontsteking

Op het oog is aan deze melk niks afwijkends te zien terwijl het celgetal toch flink is verhoogd. Dat heet 'onzichtbare uierontsteking'. Het uierweefsel is geïrriteerd en reageert met een ontstekingsreactie. Daardoor worden extra witte bloedcellen afgescheiden, maar niet in die mate dat het aspect van de melk (kleur, geur, smaak) erdoor verandert. Maar de melkgift daalt wel. Irritatie van uier en spenen kan bijv. ontstaan door te krappe ligplaatsen: koeien kunnen dan bij het opstaan op hun spenen trappen en de uier kneuzen. Meestal zit de oorzaak in de melkmachine: tepelbekers sluiten niet goed rond de spenen, hangen scheef of hebben scheurtjes in de voering waardoor valse lucht wordt aangezogen. De melk wordt niet snel genoeg afgevoerd uit de melkklauw als die te klein is of als de afvoerende slang te dun is voor een vlotte doorstroom. Hierdoor kunnen de vacuümschommelingen aan de speenpunten te groot zijn.

De slotgaten raken dan geïrriteerd: er wordt te hard of te ruw aan de spenen 'gezogen'. Dat maakt het slotgat eeltig waardoor het tepelkanaal na het melken onvoldoende wordt afgesloten. Daardoor kunnen bacteriën de uier binnendringen. Zo'n infectie kan bijv. ontstaan vanuit een natte en vuile ligbox; of via de huid want daarop zitten vaak stafylokokken. Uit de melkmonsters van deze koeien werden in het laboratorium stafylokokken (*S. aureus*) gekweekt.

Begeleiding

Om melkkoeien in topconditie te brengen en te houden, heeft de boer een aantal bedrijfsbegeleiders nodig. Niet alleen de veearts maar ook de GD (laboratorium), de voerleverancier (rantsoenberekening), de installateur van de melkmachine (afstellen en onderhoud), de zuivelfabriek (melkcontrole) en de klauwbekapper. Als de melkproductie hapert, is de koe de sleutel die leidt naar de oplossing. Het gaat erom bij haar de afwijkingen te vinden van het fysiologische optimum. Dat is de 'sportgeneeskunde van de koe'. Het vormt een grote uitdaging voor het vakmanschap van de veearts. Zo heb ik dat althans ervaren.

22. Vaarzenverlossing *(melkveebedrijf)*

Bij de bevalling van een koe moet door de geboorteweg een kalf passeren dat zo'n veertig kilo weegt. De ontsluiting van de geboorteweg vraagt daarom veel tijd, vooral bij vaarzen die hun eerste kalf ter wereld brengen. Maar als de klauwtjes van het kalf 's avonds al uit de schede steken, is wachten tot de volgende ochtend wel erg lang.

Middernacht
Het is 's nachts halftwee als de telefoon gaat: de verlossing van een vaars. Het dier is de hele middag onrustig geweest: telkens ging ze liggen en opstaan en de eerste dikke melk, de biest, drupte uit de gespannen uier. Onder het avond-melken is de waterblaas gebroken. 's Avonds is de boer een paar keer in de stal gaan kijken. Om elf uur was ook de pootjesblaas gebroken en waren de klauwtjes van het kalf te zien. Hij heeft in de schede gevoeld: het kalf ligt goed, maar de poten zijn grof: het zal dus een zwaar kalf zijn. Trekken aan de poten leverde weinig op. Wat nu? Wachten tot morgenochtend kan een dood kalf tot gevolg hebben. Maar het nachttarief van de veearts is om elf uur al ingegaan. En het kán misschien meevallen. Dus wordt de wekker gezet op halftwee.

Open loopstal
Voor de grote schuifdeur van de koeienstal stap ik uit de auto en pak m'n verloskoffer. Het is herfst en al koud. De koeienstal is een grote, hoge hal met zo'n negentig loslopende koeien verdeeld over drie vakken en in het midden een voergang. De meeste dieren liggen op een betonnen verhoging aan de zijkant te herkauwen. Elke ligplaats is afgebakend door beugels. Twee koeien staan in een voerbox en krijgen via de voercomputer de brokken waarop ze voor vandaag nog recht hebben. Voor het voerhek ligt een flinke hoeveelheid gehakselde mais en kuilgras. Het melkquotum is 750.000 liter en dat moet worden vol-gemolken. Per koe moet daarvoor meer dan 8000 liter melk per jaar geproduceerd worden. Dat gaat niet op een rantsoen van enkel gras: ook krachtvoer en mais zijn daarvoor nodig.

Vooral van het ruwvoer moeten enorme hoeveelheden worden gevreten, dag en nacht. En voor een dergelijke melkproductie moeten de koeien ook heel veel drinken: per dag wordt in zo'n stal een paar duizend liter water gedronken; zeg maar gezopen.

Gierput

Dus wordt er vaak en veel gemest en geplast. Door betonnen roosters valt dat in een diepe ruimte onder de stal, de gierput. Een diepte van twee meter bij een oppervlakte van 800 m^2 betekent een capaciteit voor 1600 m^3 drijfmest. Die moet tot februari worden opgeslagen. Pas dan mag er weer worden uitgereden over het land voor de noodzakelijke groei van vooral mais en gras. In zo'n loopstal ligt geen stro: dat zou de roosters verstoppen en problemen geven bij het leegpompen van de put. De ligboxen worden met zaagsel drooggehouden. In de drijfmest ontstaan giftige dampen. Bij werkzaamheden in de gierput zijn enkele boeren daaraan overleden. Die dampen moeten dus doorlopend worden afgezogen uit de stal. Daarvoor zorgt een open nok in het dak over de hele lengte van de stal. Voor de aanvoer van frisse lucht zijn dan weer beide zijkanten open: de wind wordt gebroken door een wand van gaas. Het waait dus niet echt in de stal, maar koud is het wel. Heel rationeel en efficiënt is het allemaal, maar behaaglijk of gezellig kun je zo'n moderne stal niet noemen.

Onderzoek

Maar er moet nu gewerkt worden en vlug: de bovenkleding uit en het plastic verlospak aan. Het wordt er niet warmer op. Dan handen en armen wassen in een emmer water met betadine. In een hoek van de stal zorgt een halfhoog muurtje voor afscheiding. Daar ligt een vaars op haar zij in de ligbox; ze perst krachtig en brult bij elke wee. Daarbij komen de voorpoten van het kalf naar buiten tot de kogels; bij ons mensen, zijn dat de middelvingers. Ik ga door de knieën, spoel het achterstel van de vaars schoon en maak m'n armen glad met een glijmiddel. In de geboorteweg ligt de kop op de voorpoten.

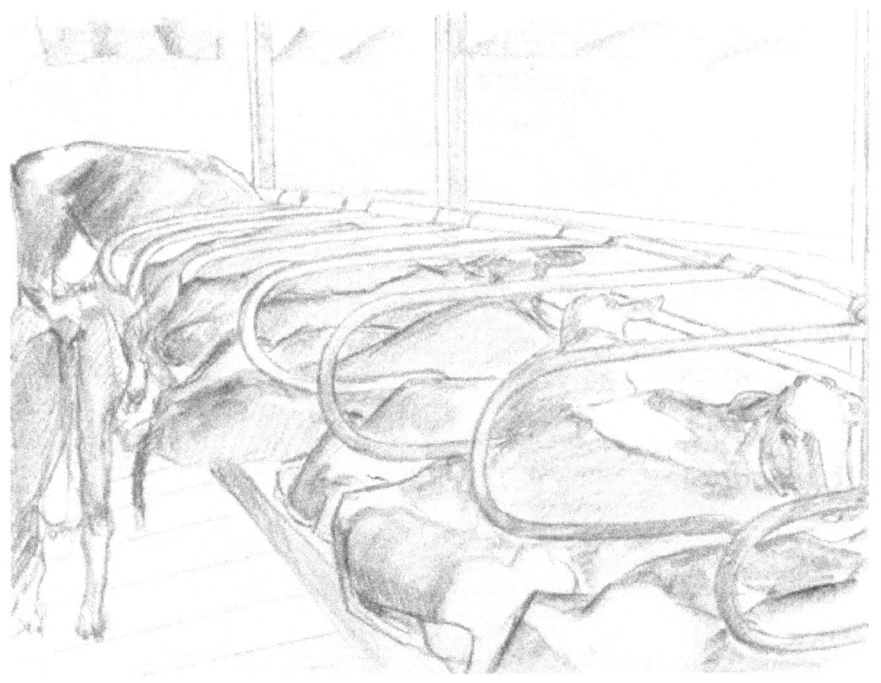

roostervloer en ligboxen; de zijkant van de stal is open

Het kalf slikt als ik met mijn vinger achter op de tong druk. Om nog dieper de geboorteweg in te kunnen, moet ik plat op mijn zij. De boer heeft achter de vaars een stuk plastic op de roosters gelegd. M'n arm schuift nu naar binnen tot de oksel; m'n hoofd komt tegen de staart. De baarmoedermond is ontsloten. Uit de emmer vis ik met de andere hand de verlostouwtjes. In feite zijn het geen touwtjes maar vingerdikke kunststof koordjes. Om elke voorpoot van het kalf komt een lus in de kootholte, onder de kogel. Aan het andere eind komt een korte knuppel van pvc: "trek maar, Toon". Hij zet zijn hakken tussen de roosters en hangt aan de koorden. Zo trekt hij de schouders van het kalf tegen de bekkeningang van de vaars. Met m'n vingers meet ik de ruimte: het zal maar net gaan.

Geboortekrik
Om grotere trekkracht uit te kunnen oefenen, wordt bij de koeienbevalling een geboortekrik gebruikt; een vaak verguisd maar onmisbaar hulpmiddel. De krik is in de plaats gekomen van de vroegere burenhulp. Bij honderdtwintig geboortes per jaar is die hulp niet meer op te brengen. Zeker als de buren zelf ook zoveel koeien en vaarzen hebben. Die krik is een stalen stok van twee meter lang. Aan het eind zit een beugel die tegen de kont van de koe wordt gedrukt. De ruimte binnen de beugel is groot genoeg om een kalf door te laten. De steel steekt naar achteren in het verlengde van de koe. De verloskoordjes worden met de vrije einden (waar eerst de knuppels zaten) vastgehaakt aan een beweegbare klem. Die zit rond de steel van de krik en wordt met een hendel naar achteren bewogen.

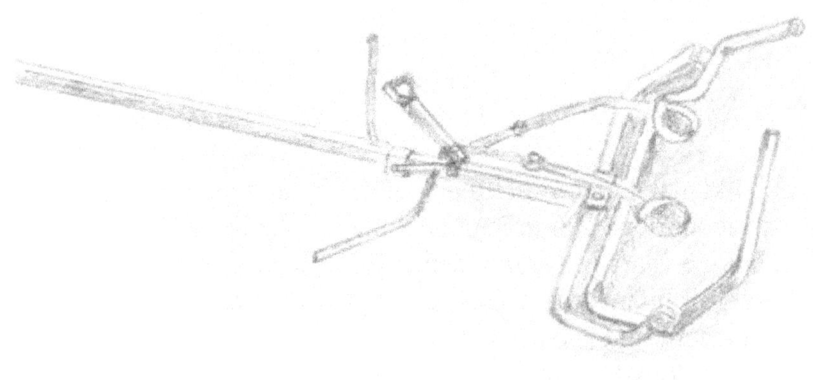

geboortekrik met klem, verloskoordjes en beugel

De boer zit op zijn hurken en bedient de hendel. “Alleen krikken als ze perst, Toon: ja, nu!”

Vaarzenverlossing

Het kalf schuift door de geboorteweg, met korte pauzes tussen de weeën. Zodra de kop geboren is, zet ik een schroefbeweging in: m'n armen tussen de voorpoten van het kalf en m'n handen op zijn hals. Met de bedoeling om het achterstel van het kalf een kwartslag te draaien. Omdat het bekken van de koe inwendig wat meer ruimte heeft in verticale richting, terwijl het kalf op de heupen, dus horizontaal, juist het breedst is. Nog een paar keer krachtig persen en ja: de verlossing is een feit. En het kalf leeft. Maar achter me klinkt het hartgrondig: "Nondetjuu!" De boer is kennelijk ontevreden.

Stierkalf

Wie dacht dat boeren geen vreemde talen spreken, moet die opvatting herzien: dit is je reinste Frans. Nou ja, het reinste niet, maar van origine is het Frans. En hij heeft er geen seconde over nagedacht. Maar wat ging er dan toch, in 's hemelsnaam, verkeerd? Hij heeft een levend kalf en een onbeschadigde vaars: Wat wil je nog meer? Door het draaien van het kalf in de geboorteweg kwam het achterstel ruggelings naar buiten. De achterpoten vielen meteen open en het stiertje toonde uitdagend zijn geslacht. En daar schuilt het probleem: dit is al zijn 80e kalf dit jaar en de 70e stier! Door de teleurstelling zullen zijn getallen wat overdreven zijn; maar er zijn hier veel meer stieren geboren dan vaarskalveren, zoveel is duidelijk. En dat moeten er toch van elk evenveel zijn? Nou dan!

Veestapel

De reikwijdte hiervan zal niet voor iedereen duidelijk zijn. Straks zal deze boer een belangrijk deel van een jaargang missen in zijn koeienstapel. En een harmonische opbouw is nodig voor een doorlopende melkproductie. Bij een koeienboer moet er melk in de tank komen voordat hij brood op de plank krijgt. Want het melkquotum bepaalt grotendeels zijn inkomen.
Alles lijkt toch nog goed te komen want het jaar daarop wordt een overschot aan vaarskalveren geboren.

Maar dat veroorzaakt een ander probleem: stierkalveren worden na een dag of tien verkocht en van het bedrijf afgevoerd. Vaarskalveren blijven en worden op het eigen bedrijf opgefokt. Daarvoor is bij de bouw van de stallen in een gemiddelde capaciteit voorzien. Enige extra ruimte is er wel, maar echte overcapaciteit kost geld. Voor een groot overschot aan vaarskalveren is dus geen plek.

Gebouwen

Een modern melkveebedrijf heeft meestal drie aparte stallen: één voor de kalveren tot de leeftijd van ongeveer drie maanden. Een jongveestal voor de oudere kalveren en pinken tot ongeveer twee jaar. En de koeienstal. Verder is er een loods waarin de tractor(s) worden gestald en de landbouwmachines. En dan is er de woning aan de straat. Vaak is dat de oorspronkelijke langgevelboerderij. Om het plaatje compleet te maken: opzij van de koeienstal staan twee of drie krachtvoersilo's en achter de stallen ligt de voorraad ruwvoer op een betonnen bodem. Dat zijn twee langgerekte bergen van circa veertig meter lang, tien meter breed en drie meter hoog. De één van gehakselde mais en de ander van gedroogd gras. Zo ziet rond het jaar 2000 een gemiddeld Brabants melkveebedrijf eruit.

Opfok

Een koe kalft één keer per jaar. Maar als je negentig koeien melkt, krijg je per jaar toch ongeveer honderdtwintig kalveren. Dat komt doordat elk jaar ongeveer een derde van de koeien wordt afgevoerd van het bedrijf en wordt vervangen door vaarzen. En die moeten kalven voordat ze melk kunnen geven. Vandaar de dertig kalveren extra. Omdat de verdeling over stier- en vaarskalveren doorgaans fifty-fifty is, wordt bij de stallenbouw dus gerekend met de geboorte van circa zestig vaarskalveren verdeeld over het jaar. Bij een plotseling groot overschot aan vaarskalveren moet er dus worden geselecteerd en verkocht. Maar de opbrengst van een nuchter vaarskalf is lager dan de prijs van een stierkalf. Deze twee geboortegolven hebben de boer dus twee keer geld gekost: eerst heeft de overmaat aan stieren de opbouw van zijn veestapel verstoord en het jaar daarop heeft de verkoop van de overtollige vaarskalveren te weinig opgebracht: "Nondetjuu!"

nuchter kalf

23. Bruls en bandenloos *(nymfomanie)*

Een bronstige koe wordt tochtig genoemd; in Brabant heet ze spullig. Door hartstochtelijk loeien of brullen maakt ze haar paringsdrang kenbaar. Duurt de tochtigheid te lang of is de koe te vaak tochtig dan brult ze teveel en noemt men haar bruls. Bij een brulse koe gaan de bekkenbanden aan weerskanten van de staartinplant verslappen en tenslotte verstrijken ze helemaal. De koe is dan bandenloos.

Eierstokken
De seksuele cyclus van een koe duurt drie weken. Daarvan is ze één of twee dagen tochtig en tot paren bereid. In een van beide eierstokken heeft zich dan een follikel (eiblaasje) ontwikkeld dat bronsthormonen produceert. Als het blaasje openbarst (de eisprong), stopt de productie van die hormonen. Als de koe niet door een stier wordt gedekt of kunstmatig wordt geïnsemineerd, ontwikkelt zich na twee weken opnieuw een follikel. Tegen de twintigste dag wordt de koe weer tochtig. De eierstokken sturen dus haar seksuele cyclus.

Hersens
Maar die eierstokken worden ook zelf aangestuurd. Onderaan de hersens zit een kwabje (hypofyse) dat hormonen produceert die met het bloed de eierstokken bereiken. Het ene hormoon stimuleert de ontwikkeling van een follikel en een ander induceert de eisprong. Voor die hormonenproductie reageert de hypofyse op allerlei prikkels vanuit de hersens; ook op zien, ruiken of horen van een partner en op licht. Bij rundvee dat in een donkere stal wordt gehouden, kan zich in de eierstok wel een follikel ontwikkelen, maar de hypofyse produceert daarbij soms onvoldoende hormoon om die ook te laten openbarsten. In zo'n geval gaat de productie van bronsthormonen alsmaar door en blijft de koe tochtig en vaak wekenlang brullen: ze is dan bruls. Als zo'n dier wordt gedekt of geïnsemineerd, wordt ze niet drachtig doordat er geen eicel is vrijgekomen.

Melkput

Het is winter en melktijd. De koeling van de melktank draait met veel lawaai op volle toeren om de circa duizend liter lichaamswarme melk van de negentig koeien zo snel mogelijk af te koelen naar vier graden Celsius. Daardoor hoor ik waar ik de boer moet zoeken als ik uit de auto stap. In de melkstal staan veertien koeien: zeven aan elke kant, schuin met de koppen naar de muur en met de kont naar de melkput in het midden. Daarin staat de boer op ooghoogte met de uiers. De bekers van de veertien melkklauwen zitten aan de spenen gezogen door een pulserend vacuümsysteem. Zo wordt het zuigen van een kalf aan de speen nagebootst. De melk stroomt in de glazen containers aan de rand van de melkput. Voor elke koe een aparte container. Zo ziet de boer wanneer ze is leeggemolken en hoeveel melk ze heeft geproduceerd.

melkput met melkcontainers

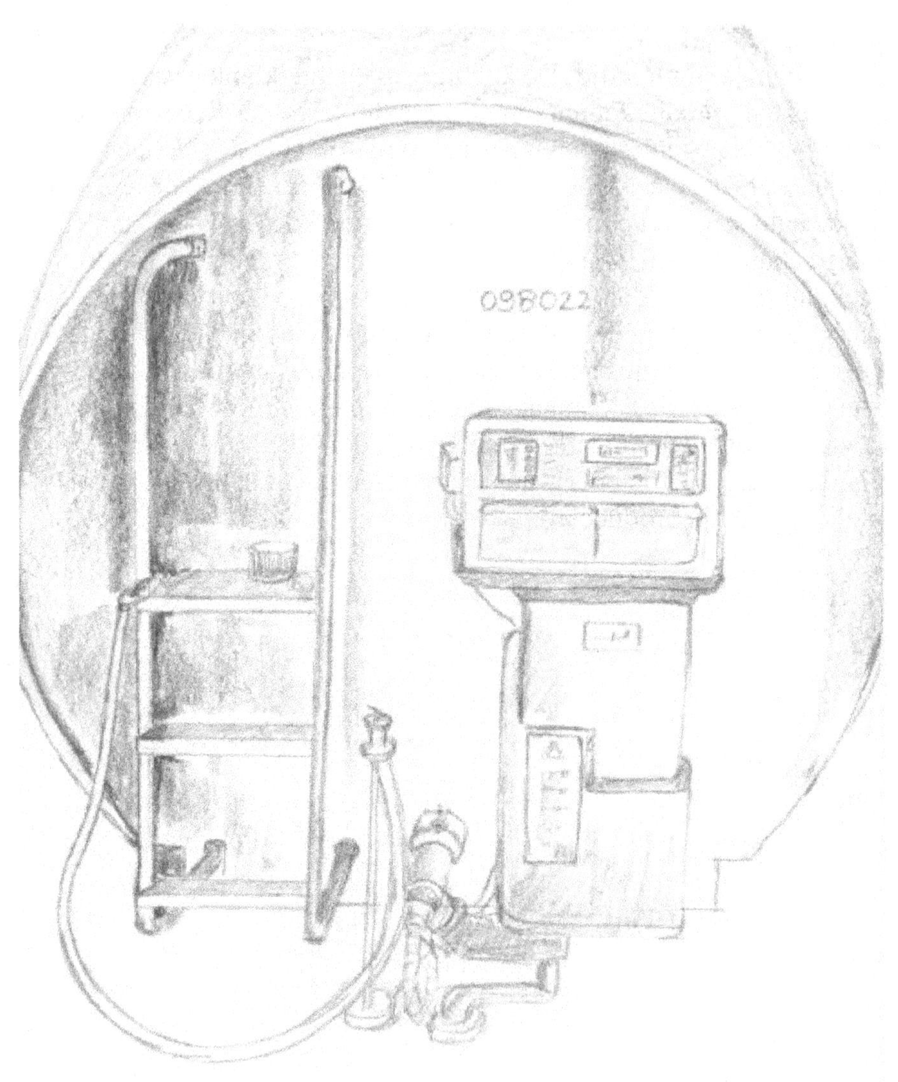

melktank

Lawaai
"Goeienavond!" Twee koeien kijken me vragend aan. Maar de boer gaat door met het reinigen van de uiers en het aansluiten van de tepelbekers aan de spenen. Ik moet boven dit geluidsniveau zien uit te komen en brul m'n begroeting nog eens. Hij kijkt op van z'n werk: "Ah, de veearts! We moete bij de pinke zèn in ut ouw schuurke. Ik goa drek mee as deez koei uit zèn." Een paar minuten later zijn de veertien uiers leeg. De boer trekt vanuit de melkput aan een touw de schuifdeuren open en de koeien lopen de melkstal uit en terug de open loopstal in. De dieren die nog gemolken moeten worden verdringen elkaar bij de ingang. Ze staan met strakgespannen uiers. Enkele laten de melk in stralen lopen.

Het oude schuurtje
Opzij van de moderne open loopstal staat een oud schuurtje. Binnen is het aardedonker. Als de boer het licht aan doet, verandert daarin weinig. Een peertje dat is bedekt door een dikke laag stof bungelt aan een fitting met twee draadjes van de zoldering. Zuinigheid is beslist een van de meest ontwikkelde deugden bij boeren. Een flauwe lichtcirkel valt op de rug van een dier. Als m'n ogen wat aan het donker gewend zijn, zie ik zes grote pinken die op een rij staan aangebonden. Ze lijken me twee jaar oud, misschien wel meer. Eigenlijk zouden ze dus al gekalfd moeten hebben.

Bruls
"Ze zèn dik zat geïnsemineerd. En allemoal drachtig, behalve dees; die is brul. Ik mest ze af vur m'n eige. Mar ze brult zo verrekkes. Ons moeder wordt dà hartstikke muug." Voorzichtig scharrel ik tussen de dieren door naar de achterkant. In de zak van m'n stofjas zitten een lange plastic handschoen en een fles glijmiddel. Door de darmwand heen voel ik op de ene eierstok een grote vochtblaas (cyste) bijna zo groot als een tennisbal en met een dikke wand. Bij de staartinplant zijn de bekkenbanden niet te voelen.

het oude schuurtje bij daglicht

Behandeling
Door de darmwand heen pak ik de cyste stevig vast en knijp hem stuk. Daarvoor moet verbazend veel kracht worden gebruikt. Nu de cyste is opengebarsten, stopt de productie van bronsthormonen en wordt het dier in een paar dagen weer rustig. De eierstok die resteert, is niet groter dan een vingerkootje. Om de volgende seksuele cyclus weer normaal te laten verlopen en herhaling van de cystevorming te voorkomen, spuit ik de pink ook in met een hypofyse-stimulerend hormoon. In m'n jaszak heb ik zo'n flesje en een spuitje meegenomen. “Pak ze maar even in de neus.” Knijpen in het neustussenschot veroorzaakt bij rundvee een soort lichte verdoving. Het heeft hetzelfde effect als een praam op de bovenlip van het paard of acupunctuur bij de mens: er komt endorfine vrij in de hersens en dat veroorzaakt een kortdurend roesje. Ik spuit de hormoonvloeistof in.

Toekomst
Ook overdag is het in dit schuurtje donker. Dat heeft de vruchtbaarheid van de pinken geen goed gedaan. Toch zeg ik niks over de huisvesting en de verlichting. De enige zoon heeft namelijk te kennen gegeven dat hij geen toekomst ziet in het bedrijf. Hij ging niet naar de HAS (Hogere Agrarische School) maar volgde een opleiding tot analist. Het laboratorium biedt hem een werkweek van zesendertig uur en vijf weken vakantie per jaar. Die luxe is op de boerderij onbekend: daar wordt zeven dagen per week tweemaal per dag gemolken en gevoerd. Als er honderdtwintig koeien en vaarzen per jaar kalven gebeurt dat in de helft van de gevallen ’s nachts. Een werkweek telt zo al gauw negentig tot honderd uur, in het voorjaar nog beduidend meer. Veehouders gaan hooguit één week per jaar met vakantie. Veel oudere boeren zijn zelfs nog nooit van hun bedrijf weg geweest. Dat wil zeggen: nooit langer dan een dag.
Zonder opvolger voelt deze boer er weinig voor om in het bedrijf te blijven investeren en werd er geen nieuwe jongveestal gebouwd. De kalveren staan nu verdeeld over het achterhuis van de boerderij en het voormalige kippenhok. De meeste pinken staan in de oude varkensstal en enkele in dit oude schuurtje. Verre van ideaal en ook arbeidsintensief. Maar de koeien zullen straks worden verkocht en in de open loopstal worden dan caravans gestald. De boer wil dan wel nog wat jongvee aanhouden. Want als je een leven lang dag en nacht druk bezig bent geweest op je bedrijf, dan kun je niet op je zestigste binnen gaan zitten en niks doen: ‘Ons moeder is dà zóó hartstikke muug.’

24. Vruchtbaarheidsonderzoek *(bedrijfsbegeleiding)*

Een vaars begint melk te produceren nadat ze heeft gekald. De dagelijkse productie bereikt circa twee maanden na het kalven een maximum en gaat vervolgens geleidelijk afnemen tot ongeveer de helft na een jaar. Voor een grote melkproductie moet de koe daarom elk jaar kalven. En omdat haar dracht negen maanden duurt, moet ze circa drie maanden na het kalven opnieuw drachtig zijn. De vruchtbaarheid is van cruciaal belang voor de melkproductie.

Drachtigheidsonderzoek

Eens in de zes weken staan 's morgens na het melken de koeien vast aan het voerhek voor de bedrijfsbegeleiding. In een bedrijfsoverall en op bedrijfslaarzen loop ik eerst over de roosters achter de koeien. Daar heb ik goed zicht op de stand van hun achterpoten, de uiers, pensvulling en op (de vertering van) de mest. Maar je moet niet alleen kijken, je moet ook wat doen: een twintigtal koeien is gemerkt met een krijtstreep voor drachtigheidsonderzoek. Je moet door rectaal onderzoek d.w.z. door de darmwand heen, de baarmoeder aftasten. Dat wordt hier 'opvoelen' genoemd. Voor een regelmatige en grote productie moet ze elk jaar opnieuw kalven. Of in vaktaal: haar tussenkalftijd mag niet veel langer zijn dan 365 dagen. Bij dieren met een erg hoge productie mag dat wel vijftien tot dertig dagen uitlopen. Vanaf vijf à zes weken na de bevruchting kun je door rectaal onderzoek een betrouwbare drachtigheids-diagnose stellen. In een stal met honderd melkkoeien heb je daarvoor gemiddeld tussen de vijftien en vijfentwintig koeien en vaarzen te controleren bij een zes-wekelijks bedrijfsbezoek. Want er zijn ook zogenaamde 'terugkomers', dieren die meer dan eens geïnsemineerd en gecontroleerd moeten worden. Niet elke inseminatie leidt immers direct tot bevruchting. En er zijn dieren waarbij het jonge embryo afsterft om onduidelijke redenen en die daardoor 'terugkomen'.

openloopstal met honderd koeien

Niet tochtig

Een tweede groep koeien die bij de bedrijfsbegeleiding rectaal onderzocht moet worden, zijn dieren die na het kalven niet op tijd tochtig zijn geworden. In de moderne melkveehouderij dringt de tijd en moet de koe twee maanden na het kalven weer in een normale seksuele cyclus zijn gekomen. Na circa drie maanden moet ze immers weer drachtig zijn. Want als de tussenkalftijd te lang wordt, daalt de melkproductie. Bij dieren die niet bijtijds tochtig werden gezien, moeten baarmoeder en eierstokken worden onderzocht om afwijkingen op te sporen. Met name bij hoogproductieve koeien kan de eerste tochtigheid soms maandenlang uitblijven.

Ze geven zoveel melk dat meer energie hun lichaam verlaat dan ze kunnen opnemen met het voer. Dat energietekort remt de werking van de eierstokken waardoor zulke dieren lange tijd niet tochtig worden bijv. doordat de eierstokken dan helemaal inactief blijven. Het kan ook zijn dat zich wel een follikel ontwikkelt maar dat het niet tot een eisprong komt: de follikel 'persisteert' zonder dat de koe tochtigheid toont. Ze wordt dan 'stil bruls' genoemd. Een derde oorzaak van ontbrekende tocht is dat zich in de baarmoeder 'witvuil' (etter) bevindt bijv. doordat ze na het kalven aan de nageboorte bleef staan. Ik stel me voor dat de koe die vulling van haar baarmoeder als 'schijndracht' ervaart. Ook kan de koe tochtig zijn geweest zonder dat de boer dit heeft opgemerkt. Hoe dan ook: de dieren moeten tijdig tochtig zijn om ze weer bijtijds drachtig te kunnen krijgen. Bij de begeleiding van honderd hoogproductieve koeien moeten er zeswekelijks een tiental worden onderzocht om die reden.

Koeienstal

"Veel werk vandaag?" De boer kijkt op zijn lijst. "Eens even kijken: tweeëndertig heb ik erop staan." De koeien staan dicht op elkaar met de koppen in het voerhek. Met de administratie in de hand loopt de boer vóór de koeien op de voergang; ik erachter op de roosters. Om m'n rechter arm zit een lange plastic handschoen. Bij een koe met een streep op de kop: "Deez moet drachtig zèn". Door de wand van de endeldarm voel ik naar de omvang van de baarmoeder: "ja, drachtig." De volgende twaalf zijn dat ook. Maar dan voel ik twee gekrulde baarmoederhoorns als dikke vingers. "Deze is niet drachtig." Op de eierstok zit een rijpe follikel en dus: "Morgen wordt ze tochtig." "De heks; nou, dan kijk ik wel wat ik ermee doe." Het betreft een terugkomer die al drie keer werd geïnsemineerd. En de laatste keer is alweer acht weken geleden. Na drie vruchteloze inseminaties wordt een koe doorgaans afgemolken en vervangen door een vaars. De boer maakt een notitie op zijn lijst en we gaan verder. Een aantal dieren die nog niet tochtig zijn gezien, hebben een persisterende follikel.

Bij andere voel ik op de eierstok een geel lichaam: die zijn dus (ongemerkt) wel tochtig geweest. Bij een van de productie-toppers zijn beide eierstokken bijzonder klein (inactief).

kijken in de schede

Eén koe lijkt drachtig, maar ze heeft pas zes weken geleden gekalfd en is nog niet geïnsemineerd. De inhoud van de baarmoeder kan dus geen kalf zijn. Als ik door een buis en met behulp van een lampje in haar schede kijk, zie ik een sliert 'witvuil' uit de baarmoedermond komen. Als alle tweeëndertig gemerkte dieren zijn opgevoeld, spuit ik bij de uitgang van de stal met een hogedrukspuit de laarzen schoon.

Behandeling
Uit de auto haal ik injectiespuiten, naalden en flesjes die nodig zijn voor de behandelingen. Ook een PRID (Progesterone Releasing Intravaginaal Device) leg ik in een plastic draagbak. De boer loopt nu mee over de roosters met de werklijst in de hand. De dieren die niet op tijd tochtig werden door een persisterende follikel (waarbij de eisprong achterwege bleef) krijgen een spuitje met GnRH (Gonadotropin-Releasing Hormone) om de seksuele cyclus op gang te brengen. De koeien met een geel lichaam op de eierstok krijgen een injectie met prostaglandine. Dat hormoon veroorzaakt de regressie van het geel lichaam waarna een normale tochtigheid volgt. Ook de koe die witvuilt krijgt zo'n prostaglandine-injectie: tijdens de daaropvolgende tochtigheid zal de baarmoeder zichzelf reinigen. Bij de koe met de inactieve eierstokken plaats ik een PRID in de schede. De kunststof spiraal blijft daar een week zitten en zal gedurende die tijd steeds zwangerschapshormoon (progesteron) afgeven. Twee dagen na het verwijderen van de spiraal wordt de koe tochtig.

Administratie
Dit werk vergt een goede administratie. In de keuken schrijf ik een verslag. Dat is tevens de geheugensteun voor het volgende bedrijfsbezoek. De boer zet straks zijn notities in de bedrijfscomputer. Aan de hand van een computer-uitdraai lopen we de bedrijfsresultaten na van de laatste zes weken. Die worden gepresenteerd in de vorm van 'kengetallen'.

Vruchtbaarheidsonderzoek

Zo lees je de vruchtbaarheid van de koeien af aan de tussenkalftijd en het inseminatiegetal. Dat laatste geeft aan hoe vaak de koeien gemiddeld geïnsemineerd werden voordat ze drachtig waren. De melkproductie wordt uitgedrukt als BSK (Bedrijfs Standaard-Koe): dat is de gemiddelde dagproductie onder standaard-condities. Dus er is enige specialistische kennis nodig om de bedrijfsresultaten te kunnen evalueren; de informatie-technologie en de landbouwwetenschap hebben ook op de boerderij hun intrede gedaan.
Maar in de keuken komen ook andere dingen ter sprake bijv. de noodzaak om nog meer te investeren in melkquotum; en de nieuwste regels van de overheid voor mestopslag en milieubescherming, die weer grote investeringen noodzakelijk maken. Met dat praten gaat veel tijd 'verloren'. Maar ik beschouw het als een onmisbaar onderdeel van een goede bedrijfsbegeleiding. En ik denk dat ook de boeren dat zo hebben gevoeld.

25. Vee-verbetering *(ET, OPU en IVF)*

Om de veestapel te verbeteren worden de dochters van de beste koeien aangehouden om mee verder te fokken. Maar koeien krijgen niet meer dan één kalf per jaar en de helft van alle kalveren zijn stieren. Melkkoeien blijven gemiddeld maar tot circa hun vijfde jaar op het bedrijf en kunnen in die tijd vier kalveren voortbrengen. Dus krijgt een koe gemiddeld twee dochters. De vee-verbetering gaat op deze manier erg langzaam: er zijn tientallen jaren nodig om enige vooruitgang van betekenis te boeken in de erfelijke aanleg van de veestapel bijv. wat betreft het aantal geproduceerde liters melk en het eiwit- en vetgehalte daarvan.

Embryotransplantatie

Nadat een koe door de stier is gedekt of nadat zijn sperma via een buisje bij de koe is ingebracht (de koe kunstmatig is geïnsemineerd), zijn in haar eileiders miljoenen zaadcellen aanwezig. Als dan uit de eierstok een eicel vrijkomt en in de eileider belandt, dringt één van die zaadcellen de eicel binnen. Met die bevruchting begint de ontwikkeling van het embryo, dat geleidelijk via de eileider in de baarmoeder belandt. Dat duurt bij de koe drie dagen. Na aankomst nestelt het zich in de baarmoederwand. Voordat het embryo daar vastzit, kan het uit de baarmoeder worden gespoeld en overgezet (getransplanteerd) in een andere koe, een zog. draagmoeder of ontvangster. Dat is embryotransplantatie (ET). De donor-koe kan daarna weer tochtig worden en opnieuw worden geïnsemineerd. Zo wordt van de beste koeien meer dan één kalf per jaar verkregen. Draagmoeders zijn de minder goede productiedieren en zij brengen op deze manier geen eigen nageslacht voort. Dus door embryotransplantatie wordt de selectie van de betere productiedieren versneld. ET wordt al sinds het begin van de jaren 1980 op Nederlandse melkveebedrijven toegepast.

Superovulatie

Het aantal kalveren van een donor-koe kan nog aanzienlijk worden vergroot door haar vóór de embryotransplantatie met hormonen te behandelen. De normale hormonale cyclus van koeien duurt drie weken. Ze worden dus om de drie weken tochtig en dan komt bij de eisprong (ovulatie) uit de eierstok meestal één eicel vrij. Maar door de koe tijdens haar cyclus met hormonen te behandelen, kunnen bij de ovulatie wel tien tot twintig eicellen vrijkomen. Dat heet superovulatie. De donor-koe wordt daarbij twee- of driemaal geïnsemineerd en een week later worden alle embryo's uit haar baarmoeder gespoeld. Vervolgens worden die onder de microscoop uit het spoelwater opgevist en deels direct bij draagmoeders in de baarmoeder ingebracht; de rest wordt ingevroren in vloeibare stikstof om later bij draagmoeders te worden geïmplanteerd.

In de praktijk

Ella 17 is een grote stamboek-koe met een prachtige uier en prima productieresultaten. De Ella-stam is de trots van de veestapel. Maar deze Ella kreeg maar één dochter: Ella 18. Haar andere kalveren waren stieren. Zo schiet het niet op met de vee-verbetering op het bedrijf. De boer vraagt daarom embryotransplantatie aan bij de KI-vereniging. Die levert het sperma voor de Kunstmatige Inseminatie (KI) en het draaiboek voor de ET. Daarin staan de dagen waarop Ella moet worden ingespoten met hormonen voor het opwekken van een superovulatie. Vier dagen later wordt ze hevig tochtig en ze wordt drie keer geïnsemineerd met sperma van een top-stier. Een week later wordt haar baarmoeder gespoeld. In het water zitten elf embryo's. Daarvan worden er vier direct overgezet in draagmoeders en zeven worden ingevroren voor later gebruik. Maar van deze vier draagmoeders worden er twee een paar weken later tochtig. Dat betekent dat hun dracht is geëindigd doordat de ingebrachte embryo's dood zijn gegaan. Bij de andere twee verloopt de dracht voorspoedig. De zeven ingevroren embryo's worden, de een na de ander, ontdooid en bij draagmoeders geïmplanteerd. Ook bij hen verloopt de dracht daarna zonder problemen.

Negen maanden na de eerste geslaagde embryotransplantaties worden twee kalveren geboren. Daarna groeit dat aantal geleidelijk aan tot in totaal negen: vijf vaarskalveren en vier stieren. De KI-vereniging koopt twee van die stiertjes: hun afstamming is uitstekend en als ze goed uitgroeien en aan alle eisen voldoen, worden ze nieuwe sperma-leveranciers voor de vereniging. Een van hen brengt het inderdaad tot KI-stier. Nadat een dochter van hem Nederlands kampioen wordt op de stamboekkeuring is hij zo populair bij de fokkers dat met de veertigduizend doses van zijn sperma niet meer kan worden voldaan aan de vraag.

vijf dochters verkregen door ET: Ella 19 t/m 23

Ovum pick up
In 2004 wordt op de Nederlandse melkveebedrijven nog steeds embryotransplantatie toegepast.

Maar de verbetering van de veestapel kan dan nog sneller. Een bedrijf dat is gespecialiseerd in fokkerij-technieken koopt in het hele land een paar honderd pinken uit de beste foklijnen van het stamboek. Van deze jonge vrouwelijke dieren worden zoveel mogelijk eicellen gewonnen door ovum pick up (OPU): door de schedewand heen wordt elke follikel in de eierstok aangeprikt en de eicel (ovum) wordt eruit gezogen (opgepikt). Dat gebeurt onder plaatselijke verdoving en op geleide van een echo via de endeldarm. Van elk dier worden zo per keer gemiddeld acht tot tien eicellen verkregen. En elke pink wordt twee keer per week geprikt. Dat levert in totaal veertig of meer bruikbare eicellen op per pink en zo worden in totaal een paar duizend eicellen gewonnen met hoogwaardig erfelijk materiaal.

In vitro fertilisatie
Elke eicel wordt in een aparte reageerbuis gedaan voor verdere rijping (gedurende een dag) en vervolgens wordt er een druppel stierensperma aan toegevoegd voor de bevruchting. Reageerbuisbevruchting wordt in vitro fertilisatie (IVF) genoemd. Voor elke eicel kan daarbij het sperma van een andere stier worden gebruikt naar gelang de vraag van de fokkers. De reageerbuis met de bevruchte eicel wordt vervolgens gedurende een week in de broedstoof gezet en dan is het embryo dat zich heeft ontwikkeld klaar voor de implantatie bij een draagmoeder op het bedrijf van de koper. Of het kan in vloeibare stikstof worden ingevroren. Ovum pick up en in vitro fertilisatie zijn in de veehouderij van de 21^{e} eeuw dus geen gynaecologische hoogstandjes meer, maar het is een commerciële productietechniek van hoogwaardig fokmateriaal. Hierdoor kunnen van een koe als Ella 17 nog meer nakomelingen worden verkregen dan met embryotransplantatie alleen en verloopt de vee-verbetering nog sneller.

Gesekst sperma
Een melkveehouder is voor zijn productie alleen geïnteresseerd in vrouwelijk vee. Door het sperma van stieren te scheiden in de helft

die alleen zaadcellen met het x-chromosoom bevat en de andere helft met alleen het y-chromosoom, kunnen na kunstmatige inseminatie uitsluitend vaarskalveren resp. stierkalveren worden verwekt. Dit zogeheten gesekste sperma wordt nu al in de praktijk gebruikt op de boerderijen in Nederland. Ook bij reageerbuisbevruchting kun je gesekst sperma gebruiken. Maar ook geslachtsbepaling van het embryo is mogelijk. De boer weet dus wat hij koopt bij zijn investering in zo'n embryo: een vaarskalf met de erfelijke aanleg voor een grote productie. Gedurende de twintig jaar waarin deze verhalen zich afspelen, is de vee-verbetering door de toepassing van al deze technieken in een rengalop geraakt.

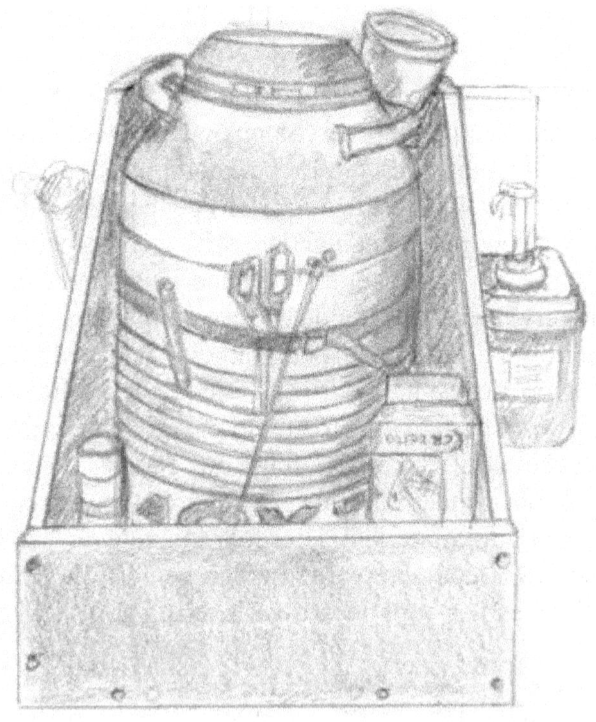

stikstofcontainer met sperma voor KI

Mens
Embryotransplantatie (ET), ovum pick up (OPU) en in vitro fertilisatie (IVF) zijn ook toepasbaar op mensen. Deze gynaecologische technieken kunnen van groot nut zijn bij de behandeling van vruchtbaarheidsproblemen. Maar je kunt ze ook toepassen voor andere doeleinden: net als in de veehouderij kan de erfelijke aanleg van mensen hierdoor snel worden verbeterd in een bepaalde richting. Ethische overwegingen schuif ik even terzijde: het gaat hier alleen over de technische mogelijkheden.
Bijvoorbeeld van een aantal hoogbegaafde studentes zouden elk wellicht veertig eicellen verkregen kunnen worden door ovum pick up en vervolgens in de reageerbuis worden bevrucht. Voor het sperma zouden dan hoog-intelligente mannelijke wetenschappers geselecteerd moeten worden. De embryo's kunnen na een week bij draagmoeders worden geïmplanteerd of voor onbepaalde tijd worden bewaard in vloeibare stikstof.
Op deze manier zouden ook van een sprintkampioene als Dafne Schippers circa veertig zonen of dochters verkregen kunnen worden met topatleten als vader bijv. Usain Bolt (kampioen sprint) of de Belgische broers Jonathan en Kevin Borlée (400 m), zonder dat zij (Dafne) daarvoor zwanger zou hoeven te zijn. Het klinkt futuristisch maar is dat ook zo?
In Iran worden deze technieken al enkele jaren op grote schaal toegepast bij vrouwen: alleen al in het Royan Institute te Teheran werden in 2006 twintigduizend vrouwen hiermee behandeld. En dat is in Iran maar één van de drieënveertig instituten waar deze techniek bij mensen wordt toegepast.* Zijn daar zoveel vrouwen onvruchtbaar? Of worden er zo op grote schaal bijv. potentiële (atoom)wetenschappers gekweekt om straks de westerse wereld daarin voorbij te streven? Het klinkt paranoïde, maar als je erover nadenkt, is het wel griezelig.

* *Jan Leyers: De weg naar Mekka. Halewyck, 2007*

Auteur

Leo Rogier Verberne

1943 geboren te Helden-Panningen
1962 gymnasium te Eindhoven
1970 dierenartsexamen; kliniek voor inwendige ziekten faculteit diergeneeskunde Utrecht
1973 kliniek voor veterinaire heelkunde faculteit diergeneeskunde Utrecht

1978 laboratorium voor fysiologie, medische faculteit V.U.
1983 registratie als medisch fysioloog
1986 promotie tot doctor in de geneeskunde

1984 praktijk voor grote en kleine huisdieren te Hintham (bij Den Bosch)
1987 praktijk voor landbouwhuisdieren en paarden te Berlicum
2000 (fusie)praktijk voor landbouwhuisdieren en paarden te Oss

1994 registratie als specialist inwendige ziekten van het paard
2000 certificering als rundveearts
2001 certificering als paardenarts
2003 rustend veearts en paardenarts

ramcontent.com/pod-product-compliance
Source LLC
rg PA
090426
)11B/2302

7 8 9 0 8 1 8 3 6 2 4 1 *